MARIANNE ET LE PROPHÈTE

L'islam dans la France laïque

SOHEIB BENCHEIKH

MARIANNE ET LE PROPHÈTE

L'islam dans la France laïque

BERNARD GRASSET
PARIS

A la mémoire de mon père et maître Cheikh Abbas dont le seul testament est : *Sois un homme libre.*

Avant-propos

La présence des musulmans en France est postérieure à la promulgation de la loi de 1905 qui sépare définitivement l'État des religions. Or l'islam a l'habitude millénaire d'être soutenu par un pouvoir étatique qui gère ses affaires, construit ses mosquées, initie ses adeptes, etc. L'islam en France se trouve donc devant une situation inédite, tant sur le plan de sa théologie que de son organisation.

Pour la première fois dans l'Histoire, un nombre considérable de musulmans doit s'organiser et se constituer en une « Église » indépendante du pouvoir politique.

Par ailleurs, l'islam a toujours développé une théologie pour une religion majoritaire et souveraine sur ses terres. En France, il doit absolument créer une théologie pour une minorité parmi les minorités qui vit dans un espace régi par des règles areligieuses.

C'est un défi important, et même stimulant, car il permet de mesurer à quel point l'islam est capable de redécouvrir sa nature originelle : un message qui propose, et non un ordre qui s'impose.

Or plusieurs obstacles d'ordre juridique et civique gênent la réalisation de cette formidable expérience, et empêchent du même coup la reconnaissance de cette religion en France. Le plus grave est que cette non-reconnaissance facilite un développement anarchique et un désordre de plus en plus manifeste dans l'exercice cultuel de la communauté musulmane.

La multiplication des lieux de culte, tels que les caves et les garages, va à l'encontre de l'émergence d'un islam éclairé et civilisationnel, et ne favorise ni la rencontre ni l'entente avec la société civile.

Non seulement ces lieux insalubres aggravent la frustration des musulmans, mais la quasi-clandestinité de la pratique islamique alimente la crainte de l'opinion publique face à l'islam. Les événements tragiques et insensés qui se déroulent en Algérie confirment cette crainte et la justifient.

La non-visibilité de cette religion, accompagnée d'un manque de civisme des musulmans, fait que l'espace cultuel, partagé en plusieurs entités éclatées, reste sous l'influence de personnes soucieuses de leur pré carré. Ils préfèrent être rois dans leur structure aussi minuscule soit-elle, que participer à une organisation unifiée et hiérarchisée de l'islam en France.

Le fonctionnement des lieux de culte pose à lui seul un énorme problème de personnel. Non francophones, formés dans leurs pays d'origine, la plupart des imams viennent d'un milieu rural et se retrouvent dans une société qu'ils n'avaient guère imaginée. Choqués, dépaysés, ils prêchent l'abstention plus que la participation, l'enfermement plutôt que l'ouverture.

Dès lors, comment ne pas s'inquiéter quand on sait que des milliers de jeunes musulmans, citoyens français, éprouvent un besoin spirituel grandissant et cherchent dans cet islam un abri identitaire ?

Leurs parents tiennent à leur transmettre l'islam en tant que système de valeurs. Mais à cause de leur inaptitude à la pédagogie, ils leur présentent cette religion tel un ensemble d'obligations rigoureuses et une liste interminable d'interdits, sans donner d'explications intelligentes ou convaincantes. À cela s'ajoute un amalgame inconscient entre l'islam et les coutumes ancestrales des régions rurales dont les parents sont issus.

L'enseignement religieux, tel qu'il est compris, tel qu'il est aujourd'hui proposé, rend sa pratique effectivement difficile, sinon impossible, et souvent incompatible avec une vie normale en France.

Livrés à eux-mêmes, les jeunes musulmans ne trouvent pas toujours de réponses à leur recherche spirituelle et identitaire, ce qui crée en eux un vide dangereux. Si l'on ne comble pas rapidement ce vide par un islam réfléchi et responsable, qui va dans le sens de leur épanouissement personnel et accompagne leur réussite sociale, ce vide sera certainement comblé par un islam à bon marché, facile à commercialiser, un islam d'ignorance, littéraliste et peu spirituel ; mais un islam qui flatte les vanités et nourrit les ressentiments. Nous n'en sommes pas tout à fait là aujourd'hui, mais une telle situation est prévisible voire probable.

Les hommes politiques et les intellectuels sont invités à réfléchir à ce problème, afin d'aider l'islam à s'organiser et surtout à banaliser sa présence par une explicitation et une reconnaissance claires. Ce que je constate en revanche non sans tristesse, c'est un désintérêt manifeste. Beaucoup s'abritent derrière la laïcité, concept flexible, en le présentant tel un principe suprême qui définit la République française.

Outre le fait qu'un État moderne ne doit s'accrocher à des principes que s'ils sont rationnellement justes et pragmatiquement bénéfiques, ma curiosité s'accroît devant le constat que ce principe de laïcité est parfois employé pour justifier la chose et son contraire. Elle est liberté religieuse ici, et restriction religieuse là.

S'il est urgent de repenser la religion musulmane afin de l'adapter aux exigences de la société française, nous devons d'abord vérifier quels sont les droits d'une religion en France, et déterminer la surface du champ qui lui revient. Ce qui nous renvoie au débat sur la laïcité.

Si le terme de laïcité manque initialement de précision, les intellectuels de confession musulmane, en tant que citoyens, doivent participer à sa redéfinition. Leur participation ne peut qu'être bénéfique. Elle orientera ce principe vers l'universel. Le consensus autour d'une idée est plus solide s'il vient de partenaires nombreux et d'origines diverses.

La participation des musulmans à la laïcité est non seulement intellectuellement indispensable, mais elle est surtout un acte hautement symbolique. Elle fortifiera le sentiment de leur appartenance à la France et construira en eux une francité, jusque-là peu solide. Les musulmans de France rattraperaient ainsi les rendez-vous manqués avec l'histoire de ce pays, eux qui étaient absents lors de la Révolution, eux qui n'ont pas participé aux grands débats de 1905.

Deux circonstances m'ont amené à vivre pleinement le problème de l'islam et de la laïcité, et à y réfléchir en profondeur. La première est une recherche effectuée à l'École Pratique des Hautes Études, où j'ai soutenu une thèse de doctorat sur l'islam en France. La deuxième est ma nomination en 1995 en tant que mufti de Marseille, afin d'œuvrer pour l'organisation du culte musulman dans la région, mais surtout de créer des liens entre la communauté musulmane locale et la société civile.

Dans la pratique, je découvre, grâce à la présence des musulmans et aux différentes tentatives de leur appliquer la laïcité, comment ce principe voué à l'universel fait l'objet de plusieurs méprises et demeure l'otage d'une ignorance doublée d'une mauvaise volonté.

Ce livre est une participation musulmane dans le débat de la laïcité, une réflexion tournée vers des domaines peu ou non explorés. C'est un regard neuf, venant de l'extérieur de la sphère classique de la laïcité, spécifiquement franco-chrétienne. Ce regard sera porté sur son appellation, sa conception et surtout sa capacité à être un principe universel adoptable et adaptable dans toutes les cultures, en l'occurrence auprès des musulmans de France, sinon transmissible au monde musulman.

Si je suis amené à m'attarder sur certains points juridiques ou théologiques, je n'oublierai pas mon objectif final : l'intégration harmonieuse de l'islam, et la recherche d'une compatibilité de son message originel relu, avec la laïcité à la française, bien comprise et clairement définie.

Au cours de ce voyage, et pour éviter les polémiques, je balayerai beaucoup de préjugés sur la religion musulmane. Et je répondrai explicitement à des questions qui préoccupent à raison beaucoup de gens, et qui n'ont pas encore trouvé de réponses convaincantes.

Avant-propos

L'islam est un fait réel, et a une emprise sur une bonne partie de l'humanité. Ce livre n'est donc pas une tentative de prouver la véracité de l'islam, ou de défendre sa raison d'être. Dans ce livre, il ne faut chercher en l'islam ni un ami, ni un ennemi, seulement un partenaire possible.

Première Partie

UN REGARD MUSULMAN SUR LA LAÏCITÉ

Chapitre Premier

La laïcité, un concept imprécis

Le musulman de France est appelé matin et soir à faire preuve de son adhésion à la laïcité, sans laquelle sa citoyenneté reste sujette à caution. Mais le premier obstacle auquel se heurte le musulman désirant s'adapter à la laïcité est l'imprécision du concept, ainsi que l'absence d'une définition faisant l'unanimité. Avec toute la bonne volonté possible, comment s'adapter à ce qu'on n'a pas encore identifié ?

Par souci de clarté et d'efficacité, j'ai voulu éviter le mot « laïcité » ainsi que le débat sur son « contenu idéologique », et n'observer que les lois qui régissent les rapports de l'État avec les religions. Le cadre officiel et juridique suffit pour voir comment l'islam, religion d'une partie importante de Français, peut trouver la place qui lui revient, à l'instar des autres religions pratiquées en France.

Mais comment contourner le mot « laïcité » quand la Constitution même l'emploie en tant que clé essentielle pour définir la nature de la République française ? Je ne peux donc pas négliger le concept ni éviter le débat autour de sa conception, même si je reste étonné devant l'absence de toute autre explication officielle. J'ignore s'il s'agit là d'insuffisance juridique, ou de souplesse textuelle invitant à d'éventuelles recherches.

Plus exactement, il y a plusieurs définitions de la laïcité, mais aucune ne fait autorité. Au moment où tout le monde en France se réclame de la laïcité, les Français ne sont pas en mesure de fournir une définition identique.

Les interprétations et les commentaires qui varient et s'opposent, depuis la naissance de ce terme, ne sont produits ni par les juristes ni par les hommes de loi, mais par les intellectuels et les chercheurs, par les familles politiques et les formations associatives, et même par les religieux.

Ainsi, en 1945, les cardinaux et les archevêques de France publient une déclaration à ce sujet, mais se trouvent dans l'obligation de distinguer d'abord quatre sens au terme « laïcité ». Ils récusent les deux approches suivantes :

> — la doctrine philosophique qui contient toute une conception matérialiste et athée de la vie humaine et de la société,
>
> — la volonté de l'État de ne se soumettre à aucune morale supérieure et de ne reconnaître que son intérêt comme règle d'action.

Les deux sens retenus – et épargnés par la condamnation – sont :

> — la souveraine autonomie de l'État dans son domaine temporel,
> — le libre exercice des cultes pour tous dans un pays divisé de croyances [1].

Aujourd'hui encore, l'affaire du foulard – dit islamique – dévoile des positions diamétralement opposées, toutes prises au nom de la même laïcité, par des personnes appartenant aux hautes sphères politiques et gouvernementales de la France.

Chargé de mission pour les Affaires religieuses au ministère de l'Intérieur, sous les gouvernements socialistes des années 1980-1990, Alain Boyer constate ainsi que la laïcité a *un contenu très variable.* Il donne trois significations explicites :

> [La laïcité] est... la volonté de limiter les prétentions du spirituel et de baliser les rôles de chacun dans un cadre institutionnel comprenant d'un côté les lois de Jules Ferry de 1881 à 1884, et de l'autre la séparation des Églises et de l'État.
>
> S'étant imposée à la suite d'un long combat pour la laïcisation de la société, la laïcité est devenue synonyme d'anticléricalisme, voire d'irréligiosité. La laïcité est devenue une nouvelle foi... avec ses militants et ses chapelles.
>
> [La laïcité] est aussi une philosophie, une

1. André Deroo : *L'Épiscopat français dans la mêlée de son temps*, Ed. La Bonne Presse, Paris, 1955, pp. 346-349.

> valeur que l'École publique a transmise en particulier dans un cours de morale et d'instruction civique qui a remplacé l'instruction religieuse [1].

Certains voient dans cette imprécision une faille. En 1947, un an après la rédaction de la nouvelle Constitution, Jacques Maritain, lors de la IIe conférence de l'Unesco, souligne l'absence d'une pensée spéculative et pratique commune, nécessaire pour la laïcité de demain [2]. D'autres, au contraire, estiment que cette imprécision est un signe positif qui permet une évolution : *la laïcité ne peut être définie une fois pour toutes. Elle est une réalité complexe et évolutive* [3].

Émile Poulat écrit :

> Avant d'être une idée ou une règle, la laïcité suppose un état de société, global, évolutif [4].

Je ne partage pas ces avis. Ces imprécisions ne sont pas une qualité en soi ; elles sont les blessures de l'Histoire, séquelles d'un mauvais traitement. La laïcité est une idée simple et, comme

---

1. Alain Boyer, *Le droit des religions en France*, Ed. PUF, Paris, 1993, pp. 52 et 53.
2. Paul Poupard, *in Dictionnaire des religions*, Ed. PUF, 1985.
3. René Rémond, *Les nouveaux enjeux de la laïcité*, Le Centurion, Paris, 1990 ; Jean Baubérot, *Vers un nouveau pacte laïque?*, *op. cit.* en note, p. 266.
4. Émile Poulat, *La Croix*, 13 septembre 1995.

toute idée simple, avant même de la définir, il faut éliminer les scories qui lui sont attachées.

La laïcité, un terme équivoque

Une des premières confusions provient du mot même « laïcité » et, plus encore, de l'adjectif « laïque ».

Les mots « laïque » et « laïc » viennent du latin *laïcus*, qui transpose le grec tardif *laïkos*. Cet adjectif grec correspond au substantif *laos* : « peuple ». Dans les traductions grecques de la Bible, *laos* désigne une « masse non qualifiée, peuple inférieur, en tant que distinct de ses chefs, les prêtres et les lévites » ; c'est-à-dire les fidèles. Le terme de *laïkos* apparaît pour la première fois en 96 ap. J.-C. dans l'épître du pape Clément (90 à 100), pour désigner un fidèle, par opposition à un diacre ou à un prêtre [1]. Enfin, l'expression « frère lai » signifie frère servant, à qui l'on confiait des travaux manuels dans les monastères, au Moyen Age.

Laïque ou *laïc*, mot assez savant et rarement utilisé, n'apparaît qu'au XIIIe siècle.

Au XVe siècle, *laïc* devient un terme courant et désigne les membres d'une société religieuse qui n'appartiennent pas à la classe des prêtres et des

1. Yves Congar *in Encyclopédie de la Foi*, Paris, Le Cerf, 1967.

clercs. Les laïcs, avec les religieux, constituent le peuple de Dieu.

Le droit canon a bien marqué la distinction. Le laïc est « celui à qui manque toute participation au pouvoir soit de juridiction soit surtout d'ordre ». Aujourd'hui, les laïcs prennent plus d'importance dans l'Église. Le concile Vatican II leur consacre tout un chapitre[1]. Il y est dit :

> Sous le nom de laïcs, nous entendons ici tous les fidèles, à l'exclusion des membres engagés dans un ordre sacré et dans un état religieux, reconnus par l'Église.

Nous remarquons que les laïcs ne sont pas seulement les fidèles administrés ; leur participation à la mission de l'Église est aussi importante que nécessaire. Dans l'Église catholique d'aujourd'hui, le laïc – étant baptisé – participe au sacerdoce, au prophétisme et à la royauté de Jésus-Christ.

Une référence aux deux états est faite dans le canon 711 :

> ... La condition canonique propre au peuple de Dieu qu'elle soit laïque ou cléricale...

Le commentateur de ce même canon précise :

> De droit divin existent dans l'Église deux états fondamentaux : l'état clérical et l'état laïque.

1. Chapitre IV, promulgué le 21 novembre 1964.

Plus loin, il insiste :

> Le séculier n'est pas synonyme de laïque. Les chrétiens qui font profession dans un Institut religieux cessent d'être séculiers pour devenir religieux, clercs ou laïques.

Le mot fait donc partie du vocabulaire catholique. Trente textes canoniques évoquent le « laïc », et les rapports avec le laïc. Même l'adjectif « laïque » est employé, et figure dans les canons 588 et 711. L'adjectif « laïque », dans ces canons, désigne seulement le non-clérical, comme le précise le canon 207 [1].

Quant aux formes laïcisme, laïcité, laïciser, laïcisation, elles apparaissent au XIXe siècle [2]. Plus précisément, le mot *laïcité* est forgé pour la première fois par Littré, ou repris d'une utilisation antérieure obscure. Il apparaît dans le supplément de 1877 de son dictionnaire. D'une manière plus précise, le substantif « laïcité » ne remonte pas plus loin que 1871.

Le « laïc » est donc le chrétien non clerc, et « laïque » est l'adjectif ou « l'adepte » de la laïcité. Contrairement à ce que pensent certains spécialistes, comme Jean Baubérot [3], la distinction est loin d'être claire entre « laïc » et « laïque », dans le vocabulaire d'un grand nombre de franco-

1. Voir l'index du *Code de droit canonique annoté*, Ed. Cerf-Tardy, 1989.
2. Cf. *Le Robert étymologique*.
3. *Vers un nouveau pacte laïque?* Ed. du Seuil, Paris, 1990. p. 237.

phones. Certains emploient le premier pour le substantif et le second pour l'adjectif, et d'autres voient dans les deux orthographes une distinction entre les deux genres : masculin, féminin. *On écrit en général laïque pour les deux genres... certains emploient également la forme laïc au masculin*[1].

Tout le monde sait que les idées précèdent les mots pour les dire. À l'origine, on cherchait un mot pour désigner « l'adepte » d'un système, qui ne soit impliqué ni dans la religion ni dans l'anti-religion. On trouve, dans le vocabulaire influencé par la vision catholique, la répartition suivante : païen, laïc et clerc. Laïc n'est donc ni païen, ni clerc. On opte pour ce terme puisqu'il est entre deux positions religieuses extrêmes, et on fabrique, à partir de « laïc », l'adjectif « laïque ». Mais cette adoption précipitée causera de vrais problèmes à la laïcité, et ce, jusqu'à nos jours : elle nuit à la clarté du concept et empêche sa traduction en d'autres langues.

Dès le début on pressent l'erreur. Le « laïque » conçu à l'époque de la naissance de l'idée de la laïcité peut être aussi « païen », s'il le veut ; mais ce n'est pas le cas du « laïc ». Si l'on dit que l'essentiel est que les mots prennent un sens selon les conventions préétablies entre les interlocuteurs, le mot « laïque » désigne alors, sans aucune difficulté, un « païen » aussi bien qu'un « laïc ». Or,

1. Larousse, *Les difficultés de la langue française*, rubrique : laïc, laïque.

même si l'usage est l'arbitre, et non la terminologie catholique, il serait étrange que « laïque » n'englobe par la même occasion le « clerc ». Il n'est pas usuel de désigner le prêtre et le curé comme des laïques. Pourtant le laïque est celui qui admet la laïcité, clerc ou non, païen ou non, exactement comme le républicain pour la République, ou le démocrate pour la démocratie.

Aujourd'hui, l'Église accepte la laïcité. C'est une raison supplémentaire pour ne plus se positionner par rapport à la seule Église catholique, et le jour où nous pourrons appeler des religieux – même chrétiens – des laïques, nous pourrons dire que le mot « laïque » s'est libéré de son origine « laïc » purement catholique, à savoir « nonclerc ».

Cette confusion autour du mot induit même le droit français en imprécision. Jean Boussinesq [1], après avoir défini « laïc » et « laïque » dans le droit canonique, écrit :

> Dans le langage courant, mais aussi constamment dans le droit français, « laïque » qualifie les personnes (chrétiennes ou non) qui ne sont ni dans les ordres sacrés (des ordres mineurs à l'épiscopat) ni membres de « congrégations » au sens large.

Est-il normal que la définition du mot « laïque » passe d'abord par la définition de l'« ordre sacré »

1. *La laïcité française*, Ed. du Seuil, 1994, p. 198.

et de « congrégation », qui n'ont aucun sens dans d'autres religions ?

Dans une société multiconfessionnelle comme la société française, le droit ne peut se positionner par rapport à la vocation religieuse d'une catégorie de citoyens. Que peut faire ce droit devant les religions qui ne connaissent ni clerc, ni clergé, ni sacerdoce ? Ou devant l'imamat, qui n'est ni un titre à vie, ni un sacrement ?

L'État doit ignorer la qualité religieuse ou le degré d'engagement des religieux. Il ne doit voir en eux que des citoyens. En revanche, l'État peut et doit se positionner par rapport à la mission religieuse, en tant que fait social.

Souvenons-nous que le droit français, depuis 1890, considère les séminaristes comme de simples citoyens ; c'est pourquoi il les oblige à faire leur service militaire. Les clercs sont électeurs et éligibles ; ils participent à la politique de la nation et peuvent occuper des postes influençant la destinée de leur pays, à la condition de ne pas biaiser ces postes par leur propre vision métaphysique.

C'est une raison suffisante pour ne plus faire sentir que toute une législation est bâtie pour faire face à une catégorie de citoyens religieusement définie.

La laïcité, un mot intraduisible

Comment ce concept – si complexe dans la langue française – est-il traduit et compris dans le monde musulman, c'est-à-dire dans ses langues classiques : l'arabe, le persan et le turc ?

En arabe « littéraire » ou « coranique », la notion de laïcité est inexistante. Le premier des dictionnaires arabes qui mentionne cette notion est, à ma connaissance, *Muhît al-Muhît* du chrétien libanais Butrus al-Bustânî (1819-1883), édité à Beyrouth en 1870. Il introduit le mot *'almâniyya* comme un concept nouveau traduisant la laïcité. Je remarque, non sans stupeur, que la traduction du mot en arabe a précédé sa mention dans les dictionnaires français, car les chercheurs s'accordent sur le fait que le mot laïcité n'est apparu pour la première fois en France que vers 1871, avant son adoption par le Littré.

Le mot *'almâniyya* sera mentionné pour la deuxième fois en 1911 dans un dictionnaire médical anglais-arabe, édité au Caire par le docteur Khalîl Sa'âda (1883-1934). Aujourd'hui, rares sont les dictionnaires arabes qui ne le citent pas. *Al-Manhal*, le plus connu des dictionnaires français-arabe, traduit toujours laïcité par *'almâniyya*. Cette forme *'almâniyya* est ce qu'on appelle en arabe *masdar sinâ'î*, un « substantif de fabrication », construit à partir du mot *'âlam*, monde, dont le sens est approximativement : « mondanité » ou plus exactement, même s'il n'est pas usité : « mondité ». Ce mot *'almâniyya* n'a pas de force, voire pas de sens, notamment pour la majorité arabe de culture musulmane, pour qui le monde n'est qu'une partie du Royaume de Dieu, Dieu étant *rabb al-'âlamîn*, Maître des mondes (au pluriel).

Cette traduction de laïcité par *'almâniyya* a été faite à l'origine par des chrétiens arabes, au milieu du XIXe siècle, et n'est apparue dans les dictionnaires qu'à partir de 1870.

Chez les chrétiens, me semble-t-il, le mot *'âlam*, monde, sert aussi à désigner *la société humaine, éloignée de Dieu ou qu'elle ignore*. Le monde est presque un synonyme de « gens des nations » ou Gentils. Dans les Écritures Saintes, le mot grec utilisé pour dire « monde » est *kosmos* ; il désigne l'Univers et l'ensemble de la Création. Mais il peut aussi ne désigner que les êtres humains, leurs organisations, leurs institutions et leurs civilisations.

Saint Pierre écrit :

> Dieu a amené le déluge sur un monde impie. *Le monde* d'alors subit la destruction quand il fut inondé par l'eau. (2 P 2, 5. 39.)

Il ne s'agit évidemment pas de la destruction de la planète ou de l'Univers, mais de la société humaine, et plus précisément de la société humaine injuste. Après le déluge, *kosmos*, le monde, est utilisé pour désigner les non-juifs (Rm 11.

12-15). D'une manière générale, le « monde » désigne l'ensemble des hommes qui n'ont pas reçu la Révélation (cf. Rm 11.12-15 ; 1 Co 1, 20-21 ; Jn 1.10 ; 7.7).

Quoi qu'il en soit, la traduction de laïcité par *'almâniyya* relève de l'érudition. Non seulement elle ne convient qu'aux chrétiens, théologiens ou intellectuels, mais elle ne concerne pas la majorité musulmane arabe, dont la conception culturelle et métaphysique du monde est qu'il est la marque la plus belle et la plus éloquente de Dieu. Les musulmans divisent seulement les hommes en *mu'min*, croyants, et *kâfir*, non-croyants.

Pour bien marquer la différence entre cette notion de « monde », à partir de laquelle le mot laïcité est traduit, et la conception musulmane, voici un exemple : pour les chrétiens, Satan domine le « monde », et s'en fait le dieu ou le maître (Mt 4.8, 9 ; Jn 12.31 ; 14.30 ; 16.11). Pour les musulmans, le seul maître des mondes, y compris le monde des impies, c'est Dieu.

Un dictionnaire bilingue n'étant ni une encyclopédie ni une étude thématique comparée, il est censé traduire mot à mot, ou ne donner qu'une explication rapide à propos d'un concept. Or *Al-Manhal,* le célèbre dictionnaire français-arabe, dans sa traduction du mot laïcité par *'almâniyya,* était conscient de la subtilité et de l'érudition de ce mot. Il a jugé bon de l'expliquer par un paragraphe, que je traduis :

> *Zamaniyya* (temporalité)[1] ou *'almâniyya* (mondité) est la qualification de tout ce qui est temporel, ou mondain. C'est aussi un système fait pour exclure l'Église, afin de l'empêcher d'exercer un pouvoir politique ou administratif, notamment dans l'enseignement.

Il est étonnant de constater que, dans ce dictionnaire, le même mot *'almâniyya* sert à expliquer le terme « laïcisme ». Et la même définition est donnée pour les deux adjectifs : « laïciste » et « laïque » !

Si nous consultons les dictionnaires arabe-arabe modernes (puisque l'arabe classique n'y fait aucune allusion), et si nous commençons par *al-Mu'jam al-Wasît* qui fait autorité[2], nous remarquons qu'il mentionne l'adjectif, non pas le substantif :

> *'alamânî* relatif au monde, par opposition au religieux ou *kahanûtî*, sacerdotal.

Quant au dictionnaire *al-Munjid*[3], il ne mentionne lui aussi que l'adjectif, et précise :

> *'almânî*, le commun, ce qui n'est pas ecclésiastique.

---

1. L'emploi du mot inventé *zamaniyya*, « temporalité », relève de l'explicitation et non de la traduction.
2. Élaboré par l'Académie de la langue arabe du Caire.
3. Fondé à l'origine par un philologue chrétien, Louis Ma'lûf, mais *al-Munjid* n'a cessé de subir des transformations et des améliorations qui font qu'on ne mentionne plus le nom de Ma'lûf.

Un regard musulman sur la laïcité

Le Larousse arabe-arabe[1] nomme laïcité : *'ilmâniyya,* mot très proche phonétiquement d'*'almâniyya,* mais qui évoque un contexte tout à fait différent. Il l'explique par « tout ce qui n'est pas ecclésiastique ou religieux ».

La définition du mot laïcité par « le non-ecclésiastique » ou « le non-religieux » arrête par deux fois le lecteur arabe ; *a fortiori* s'il est musulman ou de culture musulmane. Le « non-ecclésiastique » conforte en lui la certitude que la laïcité ne concerne que le catholicisme et ne dépasse pas le contexte chrétien ; le « non-religieux » n'a pas le même sens en arabe qu'en français. Pour l'arabophone, le « religieux » est un homme scrupuleux et qui se comporte selon la morale religieuse. Dire en arabe *mutadayyin,* religieux, ou *akthar tadayyunan,* plus religieux que d'autres, indique une attitude morale et religieuse, plutôt qu'un statut distinct et fixe. Cela vient évidemment de l'inexistence, dans la conception musulmane, d'hommes consacrés.

La traduction insolite du Larousse, *'ilmâniyya* (et non pas *'almâniyya*) suggère à coup sûr le « scientisme ». Ce n'est pas une erreur ou une omission. Le Larousse ne fait que refléter l'arabe d'aujourd'hui, car l'immense majorité des intellectuels et des journalistes nomme bel et bien la laï-

1. Devant le manque de dictionnaires d'arabe moderne, la librairie Larousse a entrepris en 1973 au Canada un ouvrage excellent, clair et facile à consulter. Il est malheureusement introuvable, sauf dans les bibliothèques.

cité *'ilmâniyya*. Pourtant ce terme vient de *'ilm*, science, et l'adjonction *âniyya*, équivalant à « isme », marque le systématisme. Cette confusion entre « laïcité » et « scientisme » explique en partie la réticence du monde musulman face à la laïcité.

Pour ce qui est de la langue persane, j'ai consulté un dictionnaire persan-arabe, *Qâmûs al-Fârisiyya*, pour comprendre ce que se disent, à propos de la laïcité, deux langues traditionnellement musulmanes. Je n'y ai pas trouvé la moindre trace du mot, qu'il soit emprunté au français ou à l'anglais, tel que *lâyîk*, *lây*, *lâymân*. Rien qui puisse ressembler phonétiquement au mot anglais *secular*.

J'ai suivi cette piste désespérante, encouragé par Émile Poulat qui précise, dans son ouvrage *Liberté, Laïcité*[1] :

> ... [le persan] nous a emprunté l'adjectif [laïque] mais ignore le substantif [laïcité].

Ce n'est pas certain. J'ai donc consulté *Khayyâm* et *Golestani*, deux dictionnaires français-persan qui font référence. J'ai trouvé, pour le mot laïque, *ghayr rohanî*, expression d'origine arabe qui signifie « non spirituel » ; *bîkhoda*, « athée », et *lâ madhhab*, d'origine arabe également, qui signifie littéralement : « celui qui n'a pas de direction », direction doctrinale, s'entend,

1. *Op. cit*, p. 142.

car *madhhab* s'emploie usuellement dans le sens d'une école de pensée, Église, ou même religion. En persan comme en arabe, *lâ madhhab* (*lahu*) a une signification très péjorative. C'est même une accusation grave dans une société où l'allégeance à la religion est une vertu partagée par tous. C'est l'équivalent en français de : *il est sans foi ni loi.*

En langue turque, le terme « laïque » est introduit tel qu'il se prononce en français. Il s'écrit « laik », et le substantif « laiklik ».

Si l'idée de laïcité évolue, ou plutôt se précise, elle n'a jamais changé de nom. C'est de là que vient le grand mal qui entrave son universalité et qui empêche sa transmission à d'autres peuples, possédant d'autres cultures, d'autres religions et d'autres histoires.

La première impropriété du mot laïcité, ou du concept qu'il recouvre, est qu'elle véhicule les traces d'un combat avec une seule Église, le catholicisme.

Lorsque j'étais au Caire à l'Université d'al-Azhar, la laïcité était l'objet de nos discussions les plus confuses. Tout contenu, même le plus légitime et le plus objectif, perd de son objectivité et de sa légitimité si d'aventure il est exprimé sous le nom « laïcité ». Ce mot se heurte à un refus fondé sur une attitude psychologique et linguistique plus que sur une attitude intellectuelle ou idéologique.

Si la laïcité est assimilée chez certains en

France à l'athéisme, cette assimilation se renforce dans le monde arabe en raison de sa traduction par *'ilmâniyya*, le scientisme. Cette traduction – ou plutôt cette trahison – laisse penser, à juste titre, que l'adoption de la laïcité exclut de la société toute référence non prouvée « scientifiquement », et que Dieu est de nature à être soumis à l'expérimentation scientifique... Difficile à accepter quand on croit à la dimension spirituelle de l'homme.

Or la laïcité n'est pas le scientisme ; elle est simplement victime d'une ambiguïté de vocabulaire, ou d'une équivoque issue d'une traduction hâtive.

Lorsque Yûsuf al-Qaradâwî, le grand uléma égyptien, recteur de l'université islamique de Qâtar, veut lui aussi préciser le concept de « laïcité », il découvre que le mot arabe se prononce de deux manières différentes :

> Certains disent *'almâniyya,* par appartenance à *'âlam,* le monde, ce qui est répandu dans de nombreux dictionnaires puisque les uns se réfèrent aux autres... D'autres, dont je fais partie, disent *'ilmâniyya* par appartenance à *'ilm,* science [1].

Je ne suis pas de son avis ; le terme *'ilmâniyya* fausse le débat et rapproche la laïcité du scientisme.

Ce ne sont pas seulement les théologiens musul-

1. *Wajh li Wajh, al-islâm wa al-'ilmâniyya,* Ed. Dâr al-Sahwa li al-Nashr, Le Caire, 1987, p. 48 (note).

mans qui confondent laïcité et scientisme. D'éminents universitaires désignent la laïcité par *'ilmâniyya*, soit pour prendre sa défense, soit pour la critiquer; mais en réalité, ils défendent et critiquent le scientisme.

Conscient que le scientisme n'est pas l'areligiosité de l'État, Ahmad Hâtûm, linguiste libanais très connu, va jusqu'à proposer le mot *'ilmâniyya* comme un homonyme qui désigne à la fois le scientisme et la laïcité [1]!

Tant qu'on n'a pas trouvé un équivalent arabe au mot laïcité, il vaut mieux soit l'arabiser, tel qu'il est, et l'introduire : *al-lâ'ikiyya*, soit choisir un mot arabe proche de l'idée exprimée, comme *al-hiyâd al-dînî :* la neutralité religieuse.

Le Coran, dont l'enseignement imprègne ces sociétés, comporte un grand nombre de versets appelant à cette neutralité et à la liberté des consciences :

> Point de contrainte en religion; le droit chemin se distingue de l'errance. (Verset 257 de la sourate 2.)
>
> Dis : « la Vérité de Votre Seigneur : croit qui veut; et ne croit pas qui veut... ». (Verset 29 de la sourate 18.)

1. La revue *Al-Nâqid* du 20 février 1990.

Chapitre II

La laïcité, un contenu fluctuant

Si le terme « laïcité » est ambigu en lui-même, sa signification l'est plus encore.

Des définitions frontières

En matière de laïcité, toutes les définitions semblent très proches. Mais dès qu'on les approfondit, les opinions divergent et parfois s'opposent. À titre d'exemple, voici une définition élaborée par Daniel Beresniak qui la présente en deux volets :

> a : Tout homme a le droit (ou le devoir) de choisir son, ou ses dieux, et de pratiquer les cérémonies qui lui plaisent, dans la mesure où il ne dérange pas les autres et ne porte pas préjudice à la tranquillité publique.

> b : Le savoir s'acquiert par un effort personnel et nul ne le possède en totalité. Donc nul n'est qualifié pour se prétendre psychopompe (conducteur des âmes). Aucune autorité, aucune institution n'est qualifiée pour dire ce qui est vrai[1].

Ces deux définitions affirment la liberté en matière de religion, et combattent toute tentative de monopolisation du savoir et de la vérité. La laïcité semble être synonyme de liberté de conscience et de connaissance. Malgré la neutralité de cette définition, plus l'auteur avance dans son ouvrage, plus il avance des arguments clairement antireligieux. Il finit par affirmer que :

> ... [La laïcité] s'oppose à l'Église irréductiblement. L'Église n'accepte pas le principe libéral de la laïcité[2].

Apparemment, il ne s'agit pas là d'une contradiction de l'auteur, mais l'idée que cache sa définition libérale s'inscrit dans la crainte que cette liberté soit menacée par ceux qui sont susceptibles de la confisquer, les religieux. Cette définition, malgré les apparences, ne repose pas sur une « liberté » mais sur une « libéralisation ».

Cette nuance est fort comparable à la double définition de la « nation », l'une donnée lors d'une résistance ou reconquête de la souveraineté nationale, l'autre pendant la paix et les bonnes rela-

---

1. *La Laïcité*, Ed. J. Grancher, Paris, 1990, p. 12.
2. *Ibid.*, p. 96, voir aussi pp. 97-104.

tions internationales. Toutes les deux sont identiques mais le discours de l'une ou de l'autre diverge sur le ton et l'orientation.

Il s'agit bien d'une définition frontière, frontière entre deux soucis et deux aspirations.

La laïcité est-elle un espace de non-religion ?

Le langage courant et l'usage comportent de plaisants paradoxes montrant que le concept de laïcité n'est pas du tout clair dans l'esprit des gens. « Il y a en France les chrétiens, les juifs, les musulmans, *les laïques*, etc. » Ainsi disent un très grand nombre de Français. D'autres encore répondent à la question : « Êtes-vous chrétien ? » par : « Non, je suis *laïque.* » Ces expressions spontanées qui présentent les laïques comme des adeptes d'une Église autonome ne viennent pas forcément d'une position anticléricale, mais d'une mauvaise assimilation de l'idée de laïcité.

Cette méconnaissance abrite tout de même une certaine indifférence religieuse ! Le mot « agnosticisme » paraît très technique, représentant un système aussi compliqué que celui de la religion.

L'anticléricalisme, en revanche, existe toujours, même si le terme paraît caduc, car aujourd'hui l'animosité ne vise pas spécifiquement le clergé catholique, mais les religieux en général. Parfois cette animosité ne vise qu'une religion sans la nommer, la religion musulmane, par exemple, qui, malgré son manque de moyens matériels et intellectuels, dérange du fait qu'elle a de l'emprise sur ses adeptes, et que les mesures prises jadis pour limiter l'influence du religieux se révèlent inefficaces sur elle.

Les anticléricaux ou les antireligieux tentent de s'approprier la laïcité en la définissant comme la religion de l'antireligion de l'homme moderne et épanoui. Dans leur militantisme, certains de ces antireligieux ne manquent pas de dénigrer la foi des uns et des autres – attitude comparable à un intégrisme inversé. Pourquoi ne pas le faire puisque l'État est laïque, et que leur action s'insère dans la légalité ? C'est une pétition de principe qui aboutit à admettre par avance ce qui doit être démontré.

Les adeptes d'une telle position puisent en réalité leurs arguments dans l'histoire de la laïcité, et perpétuent la polémique confessionnelle et philosophique qui existe traditionnellement entre croyants et non-croyants.

Historiquement, il est vrai que la laïcité est née de la volonté de se libérer du catholicisme. Elle était même assimilée au laïcisme qui milite pour exclure l'Église de la cité. A ce titre, la laïcité fut condamnée par les papes Grégoire XVI et Pie IX. Ainsi, durant plus d'un siècle, la laïcité a résulté d'un combat opposant cléricaux et anticléricaux. Mais qui nous empêche aujourd'hui de lire cette histoire comme un combat entre centristes et extrémistes, entre des laïques qui veulent ajuster le rapport de la société avec les religions, et une institution religieuse qui ne veut pas renoncer à ses privilèges millénaires? Qui nous empêche aujourd'hui de voir l'excès des anticléricaux comme les conséquences de rudes combats, ou comme une infiltration de personnes étrangères à la juste cause de la laïcité pour régler leur compte confessionnel? Le passage d'un régime de catholicité à un régime de liberté ne se fait ni en un jour, ni sans heurts.

Même dans le cas où cette histoire a vraiment connu un conflit entre deux pôles extrêmes, nous devons nous interroger sur le statut même de l'Histoire. L'Histoire a-t-elle la faculté et l'autorité d'imposer des normes de pensées et des comportements pour toujours? L'étude de l'Histoire alimente la réflexion, elle ne la fige pas.

La laïcité est-elle une idéologie ou une Église?

La soif spirituelle que peut engendrer le refus de la religion ou l'engagement corps et âme envers l'idée laïque fait croire à certains partisans de la laïcité qu'elle est en soi un idéal spirituel. Pour eux, la laïcité a tous les attributs d'une Église : une foi (la foi en l'homme, la raison), un temple (l'école, les cercles intellectuels), un clergé (les enseignants, les penseurs).

Ce n'est qu'une illusion; la laïcité est sans épaisseur idéologique ou doctrinale, et cela pour deux raisons :

— La première, c'est que la laïcité est une règle mise en place pour stabiliser les rapports entre la religion et l'État. Cette règle ne vise tout de même pas à créer une autre religion ! Si tel était le cas, il serait alors nécessaire d'établir de nouvelles règles pour ajuster les liens entre la laïcité et l'État !

— La seconde raison, c'est que la laïcité est une qualité de l'État moderne. S'il s'identifie à une Église parmi les Églises, ou à une idéologie parmi les idéologies, l'État laïque devient injuste et tendancieux, car il favorise la vision d'une partie des citoyens au détriment des autres. L'État laïque, juste et moderne, n'opte pas pour une idéologie, mais veille sur l'égalité et l'équité entre toutes les idéologies, les religions, les visions mystiques et métaphysiques. C'est ce qu'on appelle *la neutralité en matière de religion.*

Durant les deux siècles de son histoire, la laïcité pouvait se confondre avec une idéologie. Elle a animé les esprits et suscité d'incroyables controverses ; parce que l'idée se cherchait. Elle tournait autour de son axe et se rapprochait peu à peu de lui. Aujourd'hui, la laïcité se réduit à son axe et n'a aucune épaisseur idéologique.

La laïcité est-elle une philosophie ?

On présente parfois la laïcité comme une philosophie de la Vérité, ou comme une philosophie qui bâtit et justifie « le vivre-ensemble ».

La laïcité ne peut être une philosophie, dans le sens de système de pensée globale, et encore moins une philosophie qui s'oppose à d'autres. Elle ne peut présenter des affinités intellectuelles ou impliquer un choix existentiel. Elle doit être et demeurer un principe simple et évident.

Toute tentative d'érudition ou de construction intellectuelle et savante risque de briser ou de réduire le consensus sur lequel repose l'idée de laïcité, ou d'en proposer plusieurs qui s'opposent les unes aux autres, comme le veut la nature même des débats intellectuels. C'est pour cette raison qu'il faut préserver la simplicité de cette notion de laïcité, ou faire en sorte de la rendre simple et surtout accessible à tous.

Celui qui affirme que la laïcité est une philosophie lui donne, certes, une profondeur, mais lui raccourcit la vie. Tout le monde sait que les pensées philosophiques, quelle que soit leur profondeur, ne font que trois petits tours et puis s'en vont, à cause même de leur inaccessibilité à la masse des citoyens, ou à cause d'autres pensées qui ont eu plus d'impact sur le plan populaire ou populiste. L'histoire de la philosophie est une histoire parallèle à l'Histoire, elle la reflète et la motive (elle fournit des thèses à des antithèses ou des antithèses à des thèses, selon l'angle de vision). Nous ne pouvons aujourd'hui accepter que la laïcité, après l'exploit qu'elle a accompli et les promotions qu'elle fait miroiter, soit réduite à un simple motif dans une fresque incommensurable.

En Égypte, chaque fois que les docteurs les plus figés d'al-Azhar gagnent une cause contre un penseur, c'est parce qu'il a des argumentations inaccessibles, tandis que les cheikhs ont un discours simple, et captivant qui flatte la religiosité d'une population plus sentimentale que réfléchie. Devant l'enjeu, le pouvoir politique intervient avec son pragmatisme habituel pour donner raison aux plus suivis, les pseudo-gardiens de la Tradition. Cependant nul n'a songé qu'au lieu de se perdre dans l'érudition il fallait d'abord adopter un discours simple et concentrer toutes ses forces pour appeler à la neutralité de l'État afin de couper, aux geôliers de la réflexion religieuse, le bras séculier dont ils bénéficient. Alors tout viendra de lui-même.

La laïcité, « otage » du positivisme

Or la grande corruption de la laïcité en France (pour reprendre l'expression de Jocelyne Césari [1])

---

1. *Être musulman en France*, Ed. Khartala et Iremam, 1994, p. 149.

n'est pas le fait qu'on la présente comme une philosophie, mais plutôt comme une philosophie militante, dogmatique et dominée par le positivisme.

En première analyse, le positivisme ne peut être qualifié de philosophie areligieuse. Au contraire, il reconnaît la religion, l'intègre et même la félicite pour son rôle unificateur au sein de la société. Cependant, il a une idée précise de la religion. Il se situe lui-même comme l'héritier légitime – mais ingrat – de la religion. Le positivisme remplacera la religion dans ce qu'on peut reconnaître en elle de bienfait social et individuel : l'unification du groupe et l'apaisement des esprits interrogateurs.

Malgré la complexité de la philosophie positiviste, il est indispensable de la présenter rapidement, puisqu'elle a été, et durant plusieurs décennies, assimilée à tort à la laïcité.

Cette philosophie a puisé ses racines dans la Révolution française, notamment dans la pensée de Condorcet, « l'illustre prédécesseur », comme le nommait Auguste Comte lui-même. Jules Ferry, positiviste convaincu, fut le réalisateur de cette philosophie ; Émile Durkheim, fondateur de la sociologie en France, en fut le théoricien reconnu [1].

Le positivisme est né en 1844 avec le *Discours sur l'esprit positif* d'Auguste Comte, qui retient de Condorcet l'hypothèse selon laquelle l'humanité

---

1. Louis Legrand, « Approches philosophiques de la laïcité », *in Histoire de la laïcité* (collectif d'auteurs), Ed. CRDP de Franche-Comté, Besançon, 1994, p. 31.

passe, comme tout être, de l'enfance à la maturité. Comte affirme que le fonctionnement des sociétés exige une « unité mentale » pour concevoir les phénomènes et les expliquer. Il présente ce qu'il appelle « la loi des trois états ».

Durant le jeune âge de l'humanité, « l'unité mentale » de la société est assurée par la religion, qui elle-même évolue, et passe du polythéisme au monothéisme. C'est ce que Comte appelle « l'Esprit théologique », qui joue un rôle positif et unificateur.

Progressivement, un nouvel esprit se développe, « l'Esprit métaphysique ». Celui-ci, contrairement à « l'Esprit théologique », se caractérise par une activité critique et par un développement de l'individualisme dans la pensée et dans la morale ; ce qui ruine le consensus mental indispensable au fonctionnement social. Pour Auguste Comte, « l'Esprit métaphysique » marque les temps d'aujourd'hui.

Le développement systématique de la science dans tous les domaines annonce le rétablissement d'une « unité sociale » fondée sur une unité mentale, qui se nourrit des connaissances livrées par la science. C'est ce que Comte appelle « l'Esprit positif ». Celui-ci émane d'abord des sciences les plus abstraites comme les mathématiques et la physique. Puis il envahit toutes les autres disciplines, pour arriver à la science des phénomènes humains, en particulier la sociologie, qui apporte des certitudes sur le comportement humain. Ces certitudes réalisent « l'unité mentale » recherchée, après sa destruction par « l'Esprit métaphysique » critique et individualiste.

La religion est alors doublement abolie, puisque « l'Esprit théologique » est dépassé par « l'Esprit métaphysique », puis par « l'Esprit positif » qui s'annonce. Tout en remerciant la religion pour son rôle positif joué jadis, Comte décrète qu'elle doit céder la place à la science qui, par l'instruction, apporte l'ordre et le progrès à l'humanité. Et le catéchisme positif remplace le catéchisme théologique... Cette philosophie donne en effet une place importante à l'éducation qui, avec la diffusion de la science positive, construit à coup sûr l'unité mentale de l'humanité.

L'« unité mentale » d'une société fondée sur les sciences positives, expression inventée par Auguste Comte et théorisée par Durkheim, présente une faille décisive. Étant une élaboration scientifique, elle n'a pas le moindre mystère. Or tout ce qui unit le groupe, et cela depuis toujours, repose sur un sentiment de satisfaction subjective doublé d'une croyance souvent mythique. De plus, la science, qui est en perpétuelle évolution et en permanente remise en cause, est à l'origine du premier trouble de la présumée « unité mentale » de l'Esprit positif. Cette incertitude dans les explications finales fournies par la science a poussé des sociologues et des penseurs, comme Célestin Bouglé, à prendre du recul devant la foi aveugle en la science.

Cette remarque ne cherche pas à évaluer la philosophie positiviste ou à la critiquer. Ma critique vise seulement sa parenté à l'idée laïque. Car l'identification du positivisme à la laïcité nous éloigne de la neutralité de l'État, de la séparation « à l'amiable » du spirituel et du temporel, et de l'établissement de la liberté religieuse, celle des « amis de la liberté » de la Révolution française [1].

Aujourd'hui, il est clair que le positivisme, philosophie profonde et ambitieuse, n'est qu'une pensée parmi d'autres, surtout après l'apparition de philosophies prétendant offrir également une vision globale et universelle des choses. Le marxisme, par exemple, a beaucoup séduit et s'est propagé plus que le positivisme ; mais ce diktat maintenu dans certains pays par la force étatique fut gravement nuisible à la liberté des opinions et des consciences, comme chacun sait.

Les pensées se succèdent, se bousculent ou ne font qu'une rapide visite dans l'esprit des hommes, mais la liberté des consciences et l'absence de contraintes étatiques visant à croire ou ne pas croire, demeurent la revendication de base. En effet, cette revendication tire sa force et sa légitimité du fait qu'elle n'appelle pas au respect des pensées, mais au respect de l'homme, quelle que soit sa pensée.

---

1. Claude Nicolet, *L'idée républicaine en France*, Ed. Gallimard, Paris, 1982, p. 487.

La laïcité est-elle un ensemble d'exceptions ?

Les seuls repères saisissables et précis de la laïcité sont un ensemble de textes juridiques. Mais nous devons nous demander si les lois se créent suite à la quête de l'idée de justice, ou bien si c'est l'ensemble de ces lois qui engendre un état de fait qu'on nomme justice.

On a trop souvent tendance à oublier la nature temporelle des lois positives. Elles sont certes l'expression d'une justice universelle, mais se relativisent selon les spécificités du lieu et du moment où elles s'appliquent.

Bon nombre de chercheurs étudient les lois laïques non pas pour retracer l'évolution de la laïcité et de son application à travers les événements, mais curieusement pour identifier l'idée même de laïcité. Cette démarche est fort comparable à celle des canonistes ou des coranistes qui, en faisant des inductions générales sur les sentences révélées, nous exhibent une règle sacrée faite d'un ensemble d'exceptions où l'intelligence humaine se limite à comprendre le « comment » mais jamais le « pourquoi ».

Si cette démarche est valable et compréhensible pour un exégète limité par la sacralité de l'objet de son étude, elle est inadmissible pour le chercheur libre ou le juriste de la loi positive, qui se réclame d'une rationalité humainement partagée.

Il est incompréhensible qu'on nous dise que la laïcité est une exception française, que le statut de l'Alsace-Moselle est une exception de l'exception française, que le statut de l'islam dans cette région est une exception de l'exception de l'exception française... Où allons-nous ?

C'est l'idée de justice qui engendre les lois, non le contraire. Les lois que nous observons aujourd'hui sont issues de circonstances données pour garantir des intérêts donnés ; il faut toujours avoir présent à l'esprit que les circonstances, par définition, ne sont pas éternelles, les intérêts changent, et l'axe de l'équilibre social se déplace.

La laïcité est-elle synonyme d'ignorance ?

L'école républicaine a engendré en France plusieurs générations éloignées de toute connaissance religieuse – même chrétienne – alors que le christianisme est indissociable de l'histoire et de la culture de ce pays. L'élève de l'école républicaine a toutes les possibilités de s'informer sur la mythologie grecque, l'égyptologie et les civilisations mortes, comme celles des Incas et des Aztèques, mais il ne possède que des idées incertaines sur les œuvres des Pères de l'Église, la théologie monophysite ou la naissance de nombreux Ordres religieux. La laïcité est-elle synonyme d'ignorance ?

Aujourd'hui, le fait religieux revient en force.

L'école laïque, telle qu'elle comprend et applique la laïcité, se trouve décalée par rapport à la réalité. Elle forme de formidables compétences dans tous les domaines sauf un, des plus sensibles, le fait religieux.

Je ne plaide pas pour que l'école publique fasse de la formation religieuse, mais au moins de l'information religieuse : car la laïcité n'est pas l'ignorance.

La laïcité est-elle sacrée ou productrice du sacré ?

Jean Baubérot [1], conscient de l'absence de ce qui donnerait force de foi à la « morale laïque », indique la possibilité de « garantir laïquement la sacralité des droits de l'homme [2] ». C'est une thèse lourde de sens [3] puisque, au moment où l'on sépare la religion de la morale, celle-ci ne perd pas ce qu'elle trouvait utile dans la religion, le stimulant du sacré. Cette sacralité areligieuse serait fondée sur des études sociologiques entamées par Émile Durkheim, qui pensait que la distinction entre le

1. Grand spécialiste de la laïcité, il fut président de la section religieuse de l'École Pratique des Hautes Études.

2. *Vers un nouveau pacte laïque?*, *op. cit.*, p. 124.

3. En dépit du titre du livre qui ne révèle pas le contenu, Jean Baubérot y présente en réalité une thèse aussi sérieuse qu'approfondie pour démontrer la possibilité de légitimer et stimuler les droits de l'homme à partir du « sacré » qui s'établit socialement et se comprend sociologiquement.

« sacré » et le « profane » est une réalité socialement établie autour des éléments constructifs et unificateurs d'une société.

Il est vrai que toute idée assurant le lien et la paix sociaux représente l'intérêt de tous les membres de la société et fonde, dans une certaine mesure, leur identité commune. Mais peut-on qualifier cette idée de « sacrée » dans le sens où les religions ont l'habitude de l'employer ? La réponse me paraît négative. Elle ne peut être qualifiée de sacrée que par extension, emprunt ou indulgence linguistique, et non pas au sens strict du terme.

En outre, je me demande si ce « sacré » que propose Jean Baubérot est une élaboration de la sociologie ou seulement une de ses découvertes.

S'il s'agit d'une élaboration du sacré à partir de la sociologie, même réussie, elle restera strictement théorique et n'empêchera pas sa violation. Ce sacré ne transcendera pas l'homme, puisqu'il est le produit de son intelligence.

En revanche, si ce « sacré » existe réellement et n'est élucidé que par des études sociologiques, ce « sacré » n'est pas assez puissant, puisqu'il ne peut montrer son visage qu'après des études théoriques donnant le vertige. Par ailleurs, le fait de l'indiquer et de l'expliquer ne lui donne aucun avantage. Au contraire, la tentative d'explication scientifique d'un mystère est un risque de banalisation. Répondre logiquement au « pourquoi » du sacré est le premier pas vers sa désacralisation. Il perd son caractère impératif et magique dans la subjectivité des gens.

De plus, à partir de quelle société peut-on construire ou expliquer ce « sacré », lorsque la conception de celui-ci n'est pas la même dans les différentes cultures et sociétés ?

Chez les musulmans, par exemple, le concept de sacré n'est pas clairement défini, ni en langue arabe, ni dans la terminologie des sciences islamiques. Il se traduit approximativement par le mot arabe *harâm* qui veut dire dans son sens premier : prohibition, interdit; puis intouchable ou inviolable.

Dans certains contextes, on emploie aussi les termes *qudus* ou *muqaddas* qui signifient « saint, pur spirituellement », mais cela ne convient pas ici puisque *qudus* est un jugement de valeur et non une qualification neutre. C'est pourquoi on opte pour le terme *harâm,* même s'il ne traduit pas le terme « sacré » de façon exacte.

Par ailleurs, il n'y a aucun équivalent à « profane », ni en terme, ni en concept, sauf peut-être *mudannas* qui est aussi un jugement de valeur : « impur, souillé moralement ».

Si l'étymologie latine du mot profane est « ce qui est hors du temple », pour le musulman, cette distinction est inexistante. Pour lui, toute la Terre est sacrée comme le temple, ou toute la Terre – y compris le temple – est profane. Le Prophète a dit :

> On [Dieu] a fait pour moi de la Terre, une mosquée (endroit où l'on se prosterne) et une source de pureté.

L'absence de distinction nette entre le sacré et le profane s'étend alors pour toucher des domaines qui nous intéressent encore plus, comme l'interférence entre le spirituel et le temporel.

Le sujet de la laïcité et des droits de l'homme concerne toutes les cultures ou du moins il est voué à cela. Durkheim, ses disciples et les disciples de ses disciples, ne forment qu'une École, intéressante certes, mais qui pourrait être suspectée d'appartenir à une aire culturelle précise. Elle pourrait servir à des études comparatives et non offrir une explication englobant des relations existant entre toute religion et toute société.

Je pense que cette assise légitimatrice de la morale laïque et des droits de l'homme ne peut être ni élaborée, ni imaginée ; elle est, ou elle n'est pas.

Chapitre III

La neutralité positive de l'État

Si nous faisons un premier bilan de ce qu'est la laïcité, nous constatons que le résultat est maigre : la laïcité n'est pas autre chose que **la neutralité positive de l'autorité publique devant les croyances** d'une part ; et la garantie juridique d'une libre expression et d'un libre exercice religieux, d'autre part. C'est ce second volet de la laïcité qui me permet de qualifier la neutralité de positive. Cette insistance sur la positivité de la neutralité est presque une tautologie, mais le souci d'être clair dans un débat confus m'a amené à le rappeler ; la non-reconnaissance des Églises par l'État n'est pas une invitation à les combattre, mais une invitation à épouser une attitude neutre, sinon respectueuse.

La neutralité de l'État signifie qu'il se sépare de toutes les religions, mais aussi de toute position antireligieuse. En France, le pays qui aujourd'hui symbolise le mieux cette neutralité, l'idée de la neutralité a officiellement pris naissance avec la loi du 21 février 1795 [1], dite de la première séparation. Boissy d'Anglas, rapporteur de la loi, précise :

> Le cœur de l'homme est un asile sacré où l'œil du gouvernement ne doit pas descendre.

Ce qui prouve que les promoteurs n'avaient pas le désir d'opter pour un athéisme quelconque, car le cœur de l'homme, cet « asile » interdit au gouvernement, abrite la foi comme il peut abriter l'athéisme.

Le lexique de droit constitutionnel (Avril-Gicquel) cite la phrase d'Aristide Briand à propos de la séparation de 1905 qui précise cette neutralité :

> L'État n'est ni religieux ni antireligieux ; il est areligieux.

La Constitution qui régit la Ve République affirme le respect de « toutes les croyances ». La neutralité de l'État ne repose donc pas sur le rejet des croyances, mais sur son incompétence (dans le sens juridique du terme), et sur l'absence de prérogatives juridiques ou administratives en la matière.

C'est une définition ancienne exprimée impli-

1. La première séparation qu'a connue l'Histoire a eu lieu aux États-Unis d'Amérique en 1791, sans atteindre la neutralité totale.

citement ou explicitement par de nombreux penseurs, comme Ferdinand Buisson, ou par des philosophes, comme Ernest Renan. Mais cette définition de la laïcité a été oubliée ou presque, dans le brouhaha des intervenants, puisque beaucoup d'observateurs se demandent si une telle neutralité de l'État n'est pas une erreur politique, qui désarme l'État face aux « groupes de pression »[1].

Cette interrogation est dictée par l'imagination. Car l'État le plus libéral, celui qui intervient le moins dans la société civile, assure sa souveraineté et se protège de toute pression par la loi, ce qui renvoie la question au domaine du droit.

Certains voient en cette définition un appauvrissement, qui vide la notion de laïcité de tout sens. Cette définition rétrécit certes la surface de la laïcité, mais n'entame en rien sa profondeur, ni ses conséquences nombreuses. Devant la multiplicité des religions et des doctrines, le consensus ne peut se faire que sur un petit nombre d'idées. La laïcité serait donc le plus petit dénominateur commun en vue d'assurer son acceptation, son adaptation et son adoption sur toute la planète, et garantir sa durabilité.

Cette opposition à la laïcité-neutralité, considérée comme vide de sens, n'est pas tout à fait injustifiée, mais une réflexion profonde dissipe le malentendu. Au moment où cette définition s'allège pour mieux assurer à la laïcité son accepta-

1. Louis de Naurois, « Laïcité », *in Encyclopedia Universalis,* 2e Ed., 1985, t. 10, pp. 925-930.

tion et son exportation, elle n'en exclut pas pour autant l'existence d'autres notions découlant d'elle, mais en tant que possibilité et non comme nécessité, tel le pluralisme religieux. D'autres notions s'en déduisent mais comme conséquences et non comme causes, telles la liberté religieuse ou l'égalité des droits et de traitements entre les croyances s'il en existe plusieurs.

Cette dissociation entre la notion mère : la neutralité des autorités publiques, et les notions filles : pluralisme, liberté religieuse et égalité des droits, aide à la circulation de la laïcité et à son implantation dans l'ensemble des pays du monde. Car j'imagine mal l'exportation d'une laïcité soudée à un pluralisme religieux en Libye, par exemple, où le besoin ne se fait pas ressentir auprès d'une société toute sunnite, toute ash'arite et toute mâlikite. De même, il est inconcevable de proposer une laïcité liée à la liberté religieuse dans un pays qui prône déjà cette dernière, dans un contexte de reconnaissance d'un culte majoritaire ou identitaire, comme c'est le cas en Israël ou dans les Pays scandinaves. Nul n'accepte en effet d'être initié à ce qu'il a depuis longtemps pratiqué. En revanche, la neutralité des autorités publiques engendre systématiquement la liberté religieuse et, avec le temps, favorise le pluralisme ; la nature humaine est versatile, et les gens changent de croyances. Car la foi n'est jamais un acquis mais une constante recherche ; elle n'est pas un chiffre mais un mouvement.

Les Français peuvent exporter à tous les

peuples du monde une plante légère mais résistante, qui trouve des racines ou même s'enracine facilement dans leur propre terre. Le fruit de cette plante s'épanouira selon leur goût, et sa fleur harmonieuse se teintera peu à peu de leur civilisation et de leur manière d'être. C'est cela l'Universel !

Une laïcité qui transcende tout compromis

Peut-on qualifier cette laïcité de « pacte » ou de « compromis » ? Non, bien sûr ! Une telle définition de la laïcité n'invite personne à faire des concessions et n'oblige aucunement les religions à remettre en cause leurs fondements. Elle ne fait que les priver des habitudes superfétatoires, de tout pouvoir séculier ; elle protège ainsi la société de leur dérive, de l'excès totalitaire des dogmes ou de toute tentative d'autoritarisme ou d'intimidation. Elle renvoie le religieux à son rôle initial : il n'est pas détenteur de « la vérité » mais chercheur ; un témoin de Dieu, et non un tuteur. Cela est valable pour toutes les religions qui prétendent enseigner l'humilité et rappellent la nature limitée de l'homme face au mystère de l'absolu.

Une telle définition ne favorise, ni ne dévalorise l'athéisme, l'agnosticisme, ou une quelconque forme d'areligiosité. L'athée demeure un chercheur courageux qui a su trancher librement dans une question métaphysique et complexe. L'agnostique, un homme qui a reconnu humblement son incapacité d'aborder un sujet qui dépasse l'intelligence humaine.

Il en résulte, comme je l'ai déjà souligné, le pluralisme confessionnel dans des sociétés cosmopolites, ou à l'échelle mondiale. Si œcuménisme il y a, tant mieux ! S'il n'existe pas, nul n'a tort. Si une rencontre interreligieuse est engagée, c'est une grande marque de civilité. Si tout le monde s'abstient, le respect réciproque est exigé par des lois neutres et égalitaires.

Cette pensée sur la laïcité et cette manière de la présenter nous éloignent du « pacte laïque » que Jean Baubérot propose dans son livre intitulé *Vers un nouveau pacte laïque ?*. Il a inventé l'expression « pacte laïque » pour mettre l'accent sur le compromis que comporte d'après lui la notion de laïcité, où les anciens ennemis devenus adversaires-partenaires peuvent toujours vérifier et réviser leurs positions et leurs concessions. Pour lui, il a fallu établir un pacte différent à deux reprises, au tournant des deux derniers siècles, XVIIIe-XIXe et XIXe-XXe. Il serait donc logique de songer à un nouveau pacte, à la fin du siècle qui s'annonce, surtout avec l'apparition de nouveaux partenaires tels que l'islam.

Cette thèse n'a pas été accueillie favorablement par tous les spécialistes. Émile Poulat qui jalonne, quant à lui, l'histoire de la laïcité par des étapes d'évolution, rejette l'idée de « pacte »[1], et préfère parler, toujours dans la même démarche d'évolution, de nouvelle « expression de la laïcité », qui ne la réduit pas à la négociation d'un accord entre les Églises et les laïques. La notion de « laïcité » est à ses yeux un ensemble de postulats qui concerne la définition de la vérité et une philosophie de la connaissance.

Pour ma part, il m'est difficile d'admettre, comme l'affirme Émile Poulat, que la laïcité définit la vérité ou qu'elle est une philosophie de la connaissance, pour les raisons évoquées plus haut. Les « étapes » présentées par Émile Poulat comme les étapes de la laïcité sont pour moi les étapes de la laïcisation ou, mieux encore, de la recherche de la laïcité, et non la laïcité elle-même ; recherche qui baignait dans un océan de difficultés dues à l'imprécision de l'idée, d'une part, et au poids des habitudes millénaires qui ont tout concédé à la religion dominante, d'autre part. Émile Poulat rapporte pourtant, de manière explicite, les propos des républicains de la IIIe République :

> Pour eux (Albert Mathiez, Edmé Champion et Jean Jaurès), la Révolution française n'était pas laïque au sens où nous le sommes, car elle en était incapable[2].

1. *Actualité religieuse dans le Monde*, 15 mai 1993. Voir pour les étapes, l'exposé d'Émile Poulat : « Les quatre étapes de la laïcité » *in Nouveaux enjeux de la laïcité* (colloques), Ed. du Centurion, Paris, 1990, pp. 31-42.
2. *Nouveaux enjeux de la laïcité*, p. 33.

Il s'agissait donc d'une « laïcisation » qui n'a pas atteint la laïcité, en raison des conditions de l'époque.

> Ils disent en somme : nous accomplissons la volonté profonde de nos pères dont ils n'avaient pas la conscience claire.

Quant à l'expression « pacte », utilisée par Jean Baubérot, elle me gêne, car je ne sais ni quand, ni sur quoi, ni entre qui, les pactes précédents (ou le futur pacte éventuel) ont été conclus (ou sera conclu). De plus, Jean Baubérot refuse de considérer ce pacte comme un postulat (mythique) servant à mieux construire la théorie :

> Notre notion de pacte ne revêt pas un pur contenu utopique. Il a déjà existé deux précédents [1].

Jean Baubérot précise que ces « pactes » ont été conclus entre les laïques et les religieux. Il oppose donc le camp « laïcité » au camp « religion » ! Le camp de la laïcité, selon lui, est toujours victorieux, mais il tient compte des demandes et des attentes du camp vaincu, celui de la religion. Ce qui explique les concessions et les compromis des uns et des autres.

> La laïcité a remporté... une victoire de compromis [2].

---

1. *Vers un nouveau pacte laïque?*, *op. cit.*, p. 22.
2. *Ibid.*, p. 20.

Nous ne pouvons pas opposer la laïcité à la religion. Cette opposition déplace l'axe de la laïcité du centre vers l'autre extrémité, tel un laïcisme qui s'oppose à la religion conquérante. En revanche, nous pouvons opposer une religion à une autre, ou plutôt l'hégémonie et le sens de l'absolu d'une religion à ceux d'une autre. Nous pouvons également confronter deux types de projets sociaux. D'une part, le rêve d'une société bâtie au nom de Dieu, où le spirituel aurait sa place dans tous les projets du gouvernement, alimentant les mœurs, adoucissant l'instinct et liant l'homme au mystère de l'existence. D'autre part, l'espoir d'une société libérée de tout dogme, de toute religion, scientifique dans sa construction, rationnelle dans ses remises en cause, délivrée d'une moralité opprimant les talents, affranchie d'une éducation qui culpabilise et fragilise les consciences.

Entre ces deux visions extrêmes, la laïcité n'est ni un partenaire ni un adversaire, mais la règle qui assure leur coexistence, sans pour autant les priver de rêves ou d'aspirations. Le statut de la laïcité est comparable à celui de la Justice, devant laquelle comparaissent des parties adverses où nul n'est censé être lésé ou favorisé. C'est cette laïcité-là qui a été recherchée depuis la Révolution française, en passant par plusieurs « seuils », pour reprendre l'expression de Jean Baubérot lui-même dans son livre : *La laïcité, quel héritage?*[1].

1. Ed. Labor et Fides, Genève, 1990.

C'est cette laïcité-là que nous recherchons encore, pour toute la société humaine.

L'histoire de la laïcité conforte cette thèse. Beaucoup considèrent que la première pierre dans l'édifice de la laïcité et de la liberté religieuse est l'article 10 de la Déclaration des droits de l'homme et du citoyen :

> Nul ne doit être inquiété pour ses opinions, même religieuses, pourvu que leur manifestation ne trouble pas l'ordre public établi par la loi.

Jean Baubérot considère cet article comme un premier compromis laborieux entre les partisans de la liberté religieuse et ceux qui souhaitaient que le seul culte public soit le catholicisme [1]. Mais où est le compromis ou la concession des partisans de la liberté religieuse, puisque l'article n'énonce que le principe même de liberté religieuse ?

Présenter les partisans de la liberté religieuse comme des adversaires et non comme les garants d'un juste équilibre, me semble incohérent. Il s'agit seulement d'une volonté affirmée solennellement que l'Église dominante, catholique en l'occurrence, cesse son hégémonie et se retire du terrain qu'elle occupe et qui est censé demeurer inoccupé. Ainsi d'autres consciences pourront se libérer, comme les protestants, les juifs, les athées

1. Note 3 du chapitre 1, p. 29.

et les tenants d'autres philosophies de la vie. Ceux-là, autrefois adversaires d'une Église catholique hégémonique, deviennent, grâce à la laïcité, des partenaires d'un même vécu.

Si l'Église dominante se retire du terrain qu'elle occupe, la laïcité est effective ; si elle ne se retire qu'un peu, c'est une laïcisation, un pas vers la laïcité. Si elle ne se retire pas du tout, il n'y a pas lieu à laïcisation, mais la laïcité demeure l'idéal qui motive et justifie toutes les revendications.

D'autres exemples sont présentés par Jean Baubérot comme des concessions de l'État laïque ou, plutôt, de l'État en voie de laïcisation : le calendrier grégorien et les fêtes catholiques considérées comme jours fériés :

> Le Code Civil des Français de 1804... laïcise le droit. En revanche, le calendrier grégorien est de nouveau adopté [1].

Or nul ne peut considérer la réadoption du calendrier grégorien comme une concession de la laïcité ! Le calendrier révolutionnaire isolait en effet la France de l'Histoire et du reste du monde. Il est évident que le choix du calendrier grégorien a été fait pour des raisons pratiques. Aujourd'hui des pays affichant un athéisme officiel adoptent sans difficultés le calendrier grégorien. Ainsi, des pays où l'islam est religion d'État suivent ce

---

1. Jean Baubérot, « La France, République laïque « », *in Religion et laïcité dans l'Europe des douze*, Ed. Syros, Paris, 1994, p. 59.

calendrier, et non pas l'hégire, réservée aux occasions religieuses ou prestigieuses. Tout le monde sait que ce calendrier comporte une erreur, un décalage de quelques années [1], mais personne ne s'y intéresse, car on ne voit en lui qu'un moyen de datation conventionnel très répandu.

Quant aux fêtes catholiques d'« obligation [2]», je suis tout à fait d'accord avec M. Baubérot pour dire qu'elles ne correspondent pas à une laïcité parfaite, c'est-à-dire à une neutralité totale de l'État. Je n'accuse nullement la laïcité (étant en dehors de tout compromis) mais la laïcisation de l'État qui n'a pas abouti dans maints domaines à son point final, à savoir la laïcité. Il est même possible qu'elle n'y aboutisse jamais, parce que la laïcisation est un « mouvement vers » la laïcité, comme le jeu qui existe entre l'appareil juridique et la Justice, les lois et le droit.

La France est l'État le plus laïque dans le monde, ce qui ne veut pas dire qu'elle a atteint le degré idéal de la laïcité. Lorsque la Constitution déclare que la France est « une République laïque », elle affirme plus une volonté, une orientation qu'une qualification, car les exemples de manquements à la laïcité sont flagrants.

A propos de l'éventuel pacte laïque dans lequel l'islam serait un partenaire, il semble que ce der-

1. Jésus est né vers 7 avant notre ère. Le calendrier grégorien établi par le pape Grégoire XIII en 1582 s'est basé sur les estimations de Denys le Petit (début du VIe siècle) qui comportait une erreur d'environ six ans.

2. Jean Baubérot, *ibid.*, p. 62.

nier n'est pas prêt à faire la moindre concession de sa foi ou de sa pratique authentique, ne serait-ce que par absence de clergé dont les prises de position engageraient tous les musulmans. Même les Églises ayant un clergé n'ont pas fait, et je ne les vois pas faire, de concessions sur le fondement de leur religion. Elles n'ont fait que réviser leurs positions et relire leur enseignement pour rester à jour face aux défis de la modernité et face à l'indifférence religieuse. Ces relectures, que l'islam aussi est appelé à faire, ne sont pas le résultat d'un accord avec un adversaire. Elles sont dictées par le souci de vivre la religion ici et maintenant. La laïcité, principe civique et juridique, ne se soucie ni de vivifier une religion ni de la laisser s'éteindre.

Neutralité ou séparation ?

Maurice Barbier, professeur de sciences politiques à l'Université de Nancy, a surpris ceux qui s'intéressent à la laïcité par un ouvrage [1] éclairant.

Il définit la laïcité par deux notions différentes qui cohabitent en elle : d'une part la séparation de l'État et des religions ; et d'autre part, la neutralité de l'État face à elles [2].

Il renvoie tous les amalgames et les contradic-

1. *La laïcité*, Ed. L'Harmattan, Paris, 1995.
2. *Ibid.*, pp. 84 et suite.

tions, qui surgissent habituellement lorsqu'on veut expliquer ou appliquer la laïcité, au fait qu'une de ces deux notions (neutralité ou séparation) soit plus présente à l'esprit que l'autre. Pour Maurice Barbier, ce phénomène était clair dans l'affaire du voile dit islamique et les multiples débats qu'elle a suscités [1].

Malgré la finesse et la cohérence de cette présentation, elle risque à mon sens de reconnaître dans la laïcité un absurde inhérent à son essence, l'accompagnant éternellement et divisant le camp laïque lui-même.

La séparation ne s'oppose en rien à la neutralité, surtout si celle-ci est bienveillante ou positive.

Lorsque l'État se sépare de la religion, il ne le fait pas par allergie ou par phobie, mais pour rester neutre et réaliser ainsi deux justices :

— un non-alignement devant la pluralité des religions,

— une non-ingérence par rapport à la religion en général.

La première justice : dans une société où coexistent plusieurs religions, chacune d'elles prétend qu'elle est la seule détentrice de la vérité, seule à avoir le salut. Les religions ne peuvent donc pas toutes coexister au sein d'un même organisme qui doit demeurer cohérent et pragmatique, à savoir l'État. L'État se sépare de toutes les religions pour n'en favoriser aucune ; il devient alors

1. *Ibid.*, pp. 232 et suite.

neutre. Dans ce premier cas la neutralité est une conséquence de la séparation. Ces deux notions, neutralité et séparation, ne sont pas équivalentes, mais elles ne s'opposent pas puisque la première découle de la seconde.

La deuxième justice : la religion enseigne des vérités toutes faites et donne des explications métaphysiques non prouvées mais dictées. L'État moderne qui veut fonctionner selon des critères saisissables, vérifiables, ne peut adopter les critères de la religion dont l'authenticité et l'utilité demeurent rationnellement non prouvées. Mais comme il ne peut pas non plus prouver leur inauthenticité ni leur inutilité, il se sépare à l'amiable de la religion sans lui accorder ni faveur ni défaveur. C'est une neutralité d'égard et de non-ingérence. Dans ce deuxième cas, la neutralité correspond parfaitement à la séparation.

Faire une réserve, avoir un recul, s'abstenir... sont bien des formulations dans la langue française qui expriment ce genre de séparation qui n'est autre que la neutralité.

Chapitre IV

Le débat sur la laïcité dans le monde musulman

Le refus de la laïcité dans le monde musulman repose sur plusieurs arguments, tous non fondés ; parfois même pour des raisons linguistiques insensées ou une crispation identitaire non élucidée.

Chez beaucoup de « musulmans laïques », la laïcité outrepasse le principe de la séparation de la religion et de l'État, et s'assimile à une volonté de priver la religion de toute expression sociale dans la cité. Cette définition tronquée de la laïcité est reprise telle quelle par le camp adverse pour la condamner.

De ce fait, le débat autour de la laïcité quitte sa véritable nature pour épouser la forme classique du conflit qui oppose traditionnellement les croyants et les non-croyants.

Pourtant, la laïcité est un principe qui bénéficie

à la fois à la religion et à l'État. Il libère la première d'une mainmise politique injuste et malsaine, et délivre le second de tout dogmatisme, afin qu'il fonctionne selon des critères saisissables, révisables et modifiables.

Aujourd'hui, dans le monde musulman, les choses semblent progresser et beaucoup de musulmans saisissent la juste définition de la laïcité identifiée à la séparation et à la neutralité. Mais celle-ci n'est pas pour autant bien accueillie.

L'argument péremptoire, avancé par ceux qui refusent toujours la laïcité et qui permet au moins un débat, concerne cette fois la séparation elle-même. Comment accepter la laïcité, qui sépare l'État de la religion, alors que l'islam comporte un projet global pour la société?

Beaucoup de musulmans pensent qu'une séparation entre la religion et l'État n'a pas lieu d'être dans un pays musulman puisque l'islam se reconnaît le droit d'organiser la société. Ces musulmans présupposent que l'islam doit utiliser les institutions étatiques pour réaliser son projet social et familial, et qu'une telle séparation affaiblit ou anéantit sa force séculaire.

Malheureusement, la réalité va tout à fait à l'encontre de leur souhait, et est contraire à ce qu'ils projettent. Toute interférence entre le religieux et le politique, dans un pays musulman, bénéficie sans faille au politique et jamais au religieux. Sous prétexte de protéger l'islam ou de le promouvoir, l'État l'accapare à son profit et lui impose sa tutelle. Il le contrôle entièrement et se sert de lui comme d'un moyen pour asseoir son autorité. L'islam, très enraciné dans la société musulmane, devient un objet de surenchères entre gouvernements et partis d'opposition.

Cette politisation de l'islam a des conséquences graves. Du fait que l'islam est fortement lié à l'intimité des gens et à leur relation avec Dieu, sa politisation trouble l'identité du citoyen et brouille les pistes pour toute réforme sociale ou économique. Lorsqu'on affiche une religion comme faisant partie de la philosophie générale d'un gouvernement, l'opposant politique se voit excommunié et le contestataire doctrinal devient malgré lui un opposant politique !

L'islam, dans tous les pays musulmans, doit être au-dessus de la politique. C'est aux plus croyants parmi les musulmans d'être les premiers à refuser toute tutelle politique ou administrative sur leur religion.

Comment font-ils encore confiance à l'ingérence politique alors qu'on légitime, au nom de l'islam, toute chose et son contraire ? On légitime des monarchies héréditaires et totalitaires et, au nom du même islam, on instaure des Républiques dites islamiques ou bien des *Jamâhiriyya* à la libyenne [1].

Les Algériens, par exemple, ont institué depuis les années soixante le Conseil Islamique Supérieur, un organisme gouvernemental, et non une ins-

1. Le colonel Kadhafi nomme officiellement la Libye *Jamahîriyya*, les Républiques (au pluriel).

tance libre. Est-ce que ce Conseil a osé dire « non » au despotisme à l'époque de Boumediene ? A-t-il eu le courage de dire « stop » aux abus et aux malversations de l'époque de Chadli ? En quoi a-t-il réalisé ou avancé le projet social de l'islam ? Ce Conseil n'a et ne peut avoir que des discours qui confortent la thèse du gouvernement puisqu'il en est le représentant.

En France, grâce à la laïcité et à l'autonomie de la force morale de la religion, les Églises élèvent la voix à tout moment pour dénoncer des affaires ou soutenir des projets. Les musulmans de France eux-mêmes malgré l'islamophobie qui règne, dénoncent et revendiquent, et le présent livre n'est qu'une des preuves de la liberté qu'offre le cadre laïque.

Le véritable problème dans le monde musulman vient du fait que le principe de « l'État moderne » n'est pas encore ancré dans les mentalités. Et l'idée d'identifier l'État à la personne du « Prince » persiste, où les origines, la langue, et surtout la confession de celui-ci caractérisent le pays et colorent la nation.

Certes l'État moderne est souverain, mais il ne l'est pas en soi. Il tire sa souveraineté des citoyens qui s'organisent selon des formes appelées démocratiques pour exprimer ou léguer cette souveraineté. Dans cette optique, l'État devient une personnalité morale, une institution rationnellement conçue et pragmatiquement établie, et qui doit fonctionner selon une rationalité partagée par toutes les intelligences. L'État moderne est en quelque sorte une énorme association dont les statuts sont la Constitution, et le règlement intérieur, les multiples lois et réglementations.

L'État moderne n'a pas de religion. En revanche, il peut reconnaître une ou plusieurs religions ; il peut s'engager à les respecter, mais il ne peut pas lui-même se convertir à une religion. La conversion est un choix existentiel et un engagement spirituel intime, souvent inintelligible. La foi ne se décrète pas.

La reconnaissance de la religion ne doit pas se faire au détriment des choix existentiels des individus ou des minorités qui ne partagent pas l'idéal de l'islam, car l'État moderne représente tous les citoyens sur le même pied d'égalité et ne tranche pas dans leurs divergences métaphysiques. Cette abstention de l'État à l'égard des religions n'est pas le fruit du mépris. Au contraire, cette non-ingérence traduit un surcroît de respect.

C'est l'archaïsme politique qui est derrière le refus de la laïcité. Cet archaïsme n'est pas seulement présent dans les mentalités, il existe encore sous forme d'institutions reconnues. Une famille qui s'appelle Saoud, originaire de Najd, en Arabie, prend le pouvoir sur toute l'Arabie au seul prétexte de la force. Aujourd'hui, tout habitant de ce pays se nomme « Saoudien » et se voit non seulement musulman, mais wahhabite.

Il y a là une différence capitale entre le citoyen et le sujet. Si le premier légitime et destitue le chef de l'État, le second ne peut que prier Dieu ou le souverain, ou les deux ensemble, pour obtenir la justice qu'on nomme grâce, et plus de progrès qu'on appelle largesse... Si le premier paie une contribution étudiée, le deuxième verse un tribut arbitraire.

La plupart des pays musulmans ont théoriquement adopté la modernité politique. Ce sont des Républiques démocratiques et des monarchies constitutionnelles, mais l'ancien système demeure présent dans les mentalités des couches populaires et d'une bonne partie de la bourgeoisie traditionnelle.

Dans les pays arabes, deux peuples, semble-t-il, commencent à se débarrasser de cette mentalité : les Algériens et les Palestiniens. Ces deux peuples vivent en effet une grande mutation qui ne vient pas d'une décision étatique, mais qui s'affirme par une volonté populaire parfois violente. Car le passage d'un système traditionnel millénaire à un système moderne ne peut se faire sans maladresse, ni affrontements.

La douloureuse épreuve par laquelle passe l'Algérie est aussi une véritable formation politique et une initiation au réalisme qui doit nécessairement accompagner les profondes réformes sociales.

L'Algérien est désormais confronté à la réalité crue de son pays. L'ampleur de la barbarie commise au nom de l'islam est de nature à susciter de sérieuses interrogations sur le statut social de la religion ; comment l'islam devient-il l'étendard de revendications politiques aussi variées que contradictoires ?

Cette barbarie révèle surtout l'immense décalage qui existe entre le besoin de vivre sa foi aujourd'hui et une théologie surannée élaborée dans un temps qui n'est plus le nôtre. L'extrémisme religieux encouragera à coup sûr des penseurs et des théologiens à oser désacraliser le droit musulman, pour le relire avec l'intelligence de notre siècle.

Et le projet social de l'islam ?

Mais la question initiale demeure. Comment l'islam se maintient-il socialement en l'absence du pouvoir séculier ?

La réponse est simple. Pour réaliser son projet, l'islam se fonde sur la foi qui émane du cœur des individus en guise d'engagement et d'autodiscipline. Il ne s'impose jamais, car nul ne peut forcer les consciences. Plein de convictions et de foi, le cœur de l'homme dicte à son intellect les éléments moraux indispensables pour accompagner son raisonnement et son comportement en vue du bien-être, des bonnes œuvres et de l'intérêt commun. Ce sont ces principes qui fondent la société musulmane. Dans l'islam, qui ne connaît pas de clergé, l'individu est seul responsable devant Dieu de sa conversion et de son engagement.

L'islam ne se maintient socialement que s'il est convaincant, sinon il est une contrainte, contraire à la nature même de la foi. C'est un message soumis à l'intelligence des hommes : ils adhèrent avec conviction ou s'abstiennent en connaissance de cause. Voilà ce que dit le Coran :

> Or si ton Seigneur l'avait voulu, tous ceux qui sont sur terre auraient cru. Est-ce à toi de contraindre les gens à être croyants ? (Verset 99 de la sourate 10.)
>
> Pas de contrainte en religion. Car le bon chemin se distingue de l'errance... (Verset 256 de la sourate 2.)
>
> Rappelle, tu n'es là que pour rappeler, rien d'autre. Tu n'as sur eux aucun pouvoir despotique. (Versets 21 et 22 de la sourate 88.)
>
> Appelle à la voix de ton Seigneur par la sagesse et la bonne exhortation et discute avec eux de la plus belle manière. (Verset 125 de la sourate 16.)

C'est uniquement par la belle parole et la bonne exhortation que les valeurs d'une religion se maintiennent et se propagent dans une société.

Deuxième Partie

L'ISLAM,
UN NOUVEAU PARTENAIRE

CHAPITRE PREMIER

La naissance d'une communauté musulmane en France

On estime le nombre des musulmans en France entre quatre et cinq millions. De ce fait, par le nombre de ses fidèles, l'islam vient directement après le catholicisme, suivi du protestantisme puis du judaïsme et du bouddhisme.

D'où viennent-ils ?

Ce que les Français ont tendance à oublier, c'est que cette immigration était, au départ, suscitée et encouragée par la France elle-même. Voici quelques faits pour rafraîchir les mémoires.

Le départ de cette immigration est dû à l'industrialisation et à l'exploitation des mines à la veille de la guerre de 1914-1918. Les entreprises, pour couvrir leurs besoins de main-d'œuvre, ont recruté environ 30 000 ouvriers algériens et marocains.

Cette immigration n'est pas recrutée à la suite d'accords de main-d'œuvre entre États, mais elle est une immigration de type colonial mobilisée ou encouragée en métropole par des employeurs appartenant à de grandes firmes. D'ailleurs, sans grand succès, car il n'était pas de coutume pour le musulman d'aller vivre dans un milieu non musulman.

Mais en 1916, le gouvernement français prend officiellement la décision et les mesures nécessaires afin de recruter dans les colonies des hommes destinés au renflouement de l'armée et au fonctionnement des usines. Le décret du 14 septembre 1916 est clair :

> Le recrutement par voie d'embauchage volontaire et à défaut par voie de réquisition de travailleurs algériens.

175 000 musulmans sont ainsi réquisitionnés pour combattre dans des corps indigènes ou dans des unités mixtes aux côtés des soldats français.

A la fin de la guerre, environ 25 000 Algériens [1] furent tués lors des différents combats sous le drapeau. Pour commémorer ce sacrifice, la France

1. Marianne Amar et Pierre Milza : *L'Immigration en France au XXe siècle*, Ed. Armand Colin, Paris, 1990, p. 156.

par le biais du Conseil municipal de Paris propose l'édification d'une mosquée dans sa ville.

En 1920, pour les besoins de la reconstruction, l'immigration reprend, et environ 70 000 Algériens et à peu près autant de Marocains viennent en métropole.

De 1940 à 1945, le gouvernement français fait un nouvel appel à la main-d'œuvre nord-africaine. Des circulaires adressées aux Préfets d'Alger, d'Oran et de Constantine « exigent » l'envoi de 10 000 ouvriers algériens par mois. Le débarquement allié en Afrique du Nord et l'invasion de la zone libre par les troupes allemandes interrompent ce recrutement [1].

Après la guerre, avec les besoins de la reconstruction et l'essor industriel, le Plan Monnet prévoit de faire venir 200 000 travailleurs coloniaux en quatre ans [2]. Les circulaires du ministère du Travail des 14 février et 19 mai 1947 imposent à nouveau la venue d'un important contingent de manœuvres algériens. Le nombre des musulmans nord-africains s'accrut dans des proportions considérables [3].

La venue des Nord-Africains en France n'était pas une partie de plaisir. Si ce n'était pas la réquisition et le recrutement de force, c'était la pauvreté et la misère qui les obligeaient à s'exiler et accepter les difficultés et le dépaysement.

---

1. M'hamed Ferid Ghazi, *op. cit.*, article cité, p. 224.
2. Marianne Amar et Pierre Milza, *op. cit.*, p. 38.
3. M'hamed Ferid Ghazi, *op. cit.*, p. 224.

Vers 1930, la colonisation européenne en Algérie achève l'occupation de tout l'espace vital et accapare la majorité des terres cultivables, les deux tiers des *fellahs* forment dès lors une masse de semi-prolétaires. Le chômage atteint des proportions considérables, les inemployés dans le secteur rural sont environ 400 000, et par ailleurs, 650 000 à 850 000 personnes sont sous-employées, provoquant un exode vers les grandes villes en Algérie, puis vers la France [1] où les salaires peuvent s'élever jusqu'à six fois plus (15 à 30 francs en France contre 5 francs seulement en Algérie [2]).

Dans les années cinquante le chômage et la misère en Algérie atteignaient un taux sans précédent. Quant à ceux qui travaillaient, leur revenu annuel moyen ne dépassait pas 25 000 francs (anciens). Tous ces facteurs les poussaient à quitter leur pays. *Sait-on qu'un jeune Algérien sur huit quittait alors l'Algérie pour la France ?* s'interroge l'écrivain Mohammed Dib lors d'une conférence [3].

Entre 1950 et 1951 on note une accentuation des arrivées, due à la misère et à la répression de plus en plus dure dans les colonies. Selon l'Office National de l'Immigration, il y avait, en 1952, 500 000 musulmans en France. Ce chiffre est contesté par les spécialistes, mais l'important, c'est qu'à partir des années cinquante la présence

1. Nathan Weinstock, *in Le mouvement révolutionnaire arabe*, Maspero, 1970, p. 61.
2. Marianne Amar et Pierre Milza, *op. cit.*, p. 36.
3. *Al-Basâ'ir*, n° 291 du 29 octobre 1954.

musulmane en France est devenue une réalité incontournable.

Qu'il s'agisse de colonisation ou d'indépendance, les événements se sont traduits par un grand mouvement de déplacement de population entre la France et l'Algérie. L'arrivée la plus spectaculaire des musulmans « ayant droit à la France » est celle des harkis.

Selon les conditions des Accords d'Évian, le rapatriement ne devait toucher que 4 930 familles musulmanes[1], à savoir les familles dont les membres étaient des citoyens français, ce qui n'était pas le cas de la totalité des harkis. De plus, le 29 juin 1962, à l'Assemblée nationale, le ministre d'État chargé des Affaires algériennes, Louis Joxe, tente de limiter le rapatriement des harkis et d'interdire toute aide donnée par les officiers et les sous-officiers, choqués par leur abandon. Une note de Louis Joxe, datée du 25 mai 1962 précise :

> ... les supplétifs débarqués en métropole en dehors du plan général de rapatriement seront renvoyés en Algérie... Il conviendra d'éviter de donner la moindre publicité à cette mesure... Les promoteurs ou les complices de rapatriement prématuré seront l'objet de sanctions appropriées[2].

En effet, la puissance publique a incité les autorités militaires et civiles présentes encore sur le

1. Marianne Amar et Pierre Milza, *op. cit.*, p. 163.
2. *Le Monde* du 7 août 1991.

territoire algérien à désarmer et à abandonner le plus grand nombre possible de supplétifs [1]. Cette volonté politique et ces mesures ont limité considérablement leur rapatriement et des milliers d'entre eux furent laissés à leur triste sort [2]. Ces restrictions n'ont pas tout à fait réussi à empêcher l'arrivée des harkis au cours des mois et des années suivants. Selon les statistiques de l'époque, le total des rapatriés, tout statut confondu, s'élevait en septembre 1962 à 597 000 personnes, parmi lesquelles 21 000 musulmans dont 12 500 harkis [3]. On a compté, au 31 juillet 1985, environ 60 000 musulmans qui provenaient tous des anciennes unités supplétives de l'armée française [4].

La réalité fait que, dès les années soixante, une vraie communauté de confession musulmane étend ses racines sur le sol français, avec des statuts et des conditions de vie très variés.

Combien sont-ils ?

Il est difficile, voire impossible d'indiquer avec précision le nombre de musulmans vivant en

---

1. Colette Granet, *op. cit.*, p. 91.
2. Selon certaines associations de rapatriés, 80 000 harkis auraient été massacrés en Algérie, cf. Anne Krieger-Kryniski, *Les Musulmans en France*, Ed. Maisonneuve et Larose, Paris, 1985.
3. Marianne Amar et Pierre Milza, *op. cit.*, p.163.
4. *Le Monde*, octobre 1985.

France, qu'ils soient étrangers ou de nationalité française. Les estimations avancées par certains journalistes sont approximatives et invérifiables.

La loi « Informatique et liberté » de 1978 interdit formellement tout recensement ayant pour base une quelconque référence d'ordre ethnique ou confessionnel. En principe, ni les services du ministère de l'Intérieur, ni les chercheurs n'ont de chiffres précis concernant les adeptes de telle ou telle religion. Ces estimations ne prennent en compte que l'origine géographique : toute personne venant du Maghreb ou de l'ouest de l'Afrique est considérée comme musulmane. Ainsi est musulman tout Turc ou ressortissant d'un pays où l'islam est majoritaire...

Ces considérations sont, bien sûr, sommaires et contestables. Néanmoins, le chiffre de quatre millions mérite d'être retenu, dans la mesure où l'on admet que toute personne d'origine musulmane est vraiment musulmane. Certains réduisent ce chiffre à deux millions alors que d'autres l'élèvent à six. Les uns et les autres agissent pour des raisons qui leur sont propres, et Dieu seul reconnaîtra les siens !

Qu'est-ce qu'un musulman ?

L'autre imprécision qui entache ces estimations concerne le terme même de « musulman ». Être musulman, c'est se réclamer de l'islam et observer ses recommandations. Prétendre que tous ceux qu'on a l'habitude de désigner comme musulmans le sont au sens strict, est une erreur qui conduit à classer les gens et à juger les consciences.

Le Coran lui-même ne nous donne pas une définition explicite du musulman. Le *muslim* est celui qui se donne à Dieu et s'efforce d'être charitable. De plus, le Coran distingue le musulman, *muslim,* du croyant, *mu'min.* L'adhésion du musulman est plutôt d'ordre intellectuel ou social, tandis que pour le croyant sa foi émane de tout son être. Le *Hadîth* (propos attribués au Prophète) nous fournit un certain nombre de définitions, mais avec des contenus plus ou moins rhétoriques ou allégoriques.

Dans l'islam, il n'existe ni baptême, ni registre paroissial ; pour se considérer musulman, il suffit de croire. Il faut se tourner vers Dieu directement et individuellement. Seul Dieu est témoin de cette conversion. Avouer son islam ou le dissimuler ne change rien, et ne touche pas à la vérité de la foi.

Mais pour adhérer au groupe des croyants et vivre son islam socialement, le droit musulman exige de l'intéressé qu'il affirme oralement son islamité par la prononciation des deux phrases :

> — J'atteste qu'il n'y a de dieu que Dieu
> — Et j'atteste que Muhammad est le Messager de Dieu.

Et les musulmans sont obligés de le tenir pour musulman puisque nul ne peut pénétrer dans les cœurs, ni mesurer le « taux » de la foi.

Dans ce livre le musulman sera défini comme celui qui reconnaît les grandes vérités de l'islam et essaye de le pratiquer ; celui qui ne pratique pas reste musulman s'il ne renie ni la véracité ni l'utilité de la pratique. Les quatre millions de musulmans en France essayent-ils tous d'observer les préceptes de l'islam ? Se réclament-ils tous de la foi islamique ? Non, bien sûr !

Une communauté disparate

Les musulmans en France ne forment pas un bloc homogène. Nous trouvons des manœuvres, des pensionnés et des chômeurs, ainsi que leurs enfants, la deuxième ou la troisième génération, « les beurs ». Nous trouvons aussi de grands propriétaires, des hommes d'affaires, des diplomates... Les véritables différences économiques, sociales et culturelles vont d'un extrême à l'autre. Du danseur étoile au rappeur, du PDG d'une compagnie aérienne à l'Arabe du coin ; du professeur émérite à celui qui dans une mairie ou une aérogare demande qu'on l'aide à remplir une fiche de renseignements. Du responsable politique au jeune bruyant à la tenue mi-sportive mi-zoulou, faisant partie d'une bande qu'on croise avec méfiance dans les couloirs du RER.

Les musulmans de France sont aussi les ismaéliens, cette communauté instruite et organisée, attachée à l'islam et ouverte à la culture française.

Les jeunes, un enjeu particulier

Quant aux jeunes musulmans, un grand nombre d'entre eux s'épanouissent et s'intègrent progressivement dans la société, et s'investissent dans tous les domaines professionnels. Ces jeunes ont commencé à émerger dans l'espace public français à partir des années 1981-1984. Ils sont mieux intégrés que leurs parents, et surtout plus au fait des subtilités de la vie française. Fils de harkis ou d'immigrés, la plupart d'entre eux attachent moins d'importance aux événements qui ont divisé leurs parents.

Ces jeunes musulmans attirent plutôt la sympathie, mais leur référence à l'islam, religion méconnue, sinon mal acceptée, dérange l'opinion publique au point de devenir un enjeu social et politique.

La plupart de ces jeunes demeurent otages de nombreux maux sociaux doublés d'une absence sensible de culture civique. Ils négligent leurs droits d'un côté, et transgressent la loi de l'autre, non par rébellion mais par méconnaissance.

Une des preuves de ce manque de civisme est que, là où il y a une forte concentration d'électeurs musulmans, on constate une montée de l'extrême droite qui se dresse contre eux et par voie démocratique. Il en résulte que souvent les musulmans votent mal, ou ne votent pas du tout. Or il arrive que ces jeunes élèvent très haut la voix et revendiquent des droits, non par la voie de la justice ou des urnes mais par la révolte et la casse, ce qui leur porte préjudice et brouille les regards quant à leur cause.

À cela s'ajoutent de graves problèmes identitaires tous issus de la non-reconnaissance de l'islam, élément inhérent à leur identité.

Pourtant la pratique religieuse proprement dite demeure chez eux quasi inexistante. Malgré le retour du religieux, la majorité écrasante des jeunes musulmans ne pratique pas l'islam de façon correcte et complète, ou ne pratique pas du tout. Ils tiennent, en revanche, à leur religion en tant que foi et repère. Cela apparaît clairement dans les principaux actes de leur vie : octroi du nom à la naissance d'un enfant, circoncision, mariage, inhumation, etc.

Quant aux lieux de culte musulmans, il en existe en France environ 1 200. Ce chiffre est dérisoire quand on sait que les protestants, par exemple, qui n'excèdent pas un million d'individus, possèdent autant de temples. De plus, à part huit mosquées, les lieux de prière des musulmans sont des caves, des garages, des hangars ou des rez-de-chaussée de HLM.

Quotidiennement, un grand nombre de communes de France reçoivent des demandes ou des relances à des demandes d'autorisation de création de lieux de culte musulman, qui ne trouvent pas de réponses, ce qui révèle une véritable crise.

CHAPITRE II

La non-reconnaissance de l'islam

Malgré la forte présence des musulmans en France, aucune mesure ou presque n'a été prise sérieusement par l'État pour insérer la religion de cette communauté dans la société et dans ses multiples institutions, ou pour la traiter équitablement, au même titre que les autres religions pratiquées en France.

Dès qu'un groupe de musulmans revendique des droits ou que des hommes libres critiquent cette situation, on sombre immédiatement dans un débat vague et sans effet sur « la compatibilité ou l'incompatibilité de l'islam avec la laïcité ».

Quant aux intellectuels, dont l'avis et le témoignage sont éclairants, un grand nombre d'entre eux affirment que l'islam, par essence, n'est pas compatible avec la laïcité, ou du moins invite les musulmans à faire d'abord preuve de leur adaptation à la laïcité. C'est ainsi qu'ils posent la problématique.

Je ne comprends pas cette logique.

L'islam est une religion monothéiste. Elle a, comme toutes les religions qui se veulent universelles, la conviction d'être la vérité absolue et la certitude d'avoir l'exclusivité du salut. L'islam comporte une foi et une loi, et se propose donc comme projet social complet. De là vient l'idée qu'il est incapable d'intégrer la laïcité à la française et de s'y intégrer. Cette idée me paraît d'emblée, et sans recherche préalable, infondée.

La France abrite déjà en son sein plusieurs religions qui diffèrent en partie de l'islam, mais les traits de celui-ci existent d'une manière prononcée dans chacune de ces religions au point que l'islam finit par leur ressembler. Il ne lui reste qu'un minimum de spécificités qui fondent l'autonomie de son identité, à savoir qu'il est une révélation faite au VIIe siècle à un dit prophète Muhammad ; le reste c'est de l'histoire.

L'islam a une foi, mais celle-ci est propre à toute religion, en France ou ailleurs. L'islam enseigne des croyances toutes faites, mais elles contiennent moins de mystères et sont moins abstraites que celles du christianisme par exemple.

L'islam comporte une loi incluant des interdits et des obligations mais elle est moins rigoureuse, moins exigeante que celle du judaïsme, religion déjà intégrée dans l'espace laïque français, sans pour autant avoir perdu son identité ou faussé son enseignement.

L'islam a un livre enseignant une philosophie de vie, contenant des droits et des devoirs et n'acceptant aucune mise en cause, de par sa nature transcendantale. Mais toutes les religions en France ont un livre bien sauvegardé, hors d'atteinte des changements, ne supportant que des interprétations. De plus, l'interprétation du livre dans l'islam, faute de clergé, relève de la libre perception et de l'adhésion personnelles de chacun.

L'islam ignore le clergé ou toute institution religieusement prescrite, mais ni le protestantisme ni le judaïsme ne connaissent cette notion de clergé.

L'islam a ses imams et ses muftî, mais toute religion a ses religieux, en outre, ceux de l'islam sont des laïcs (dans le sens de non-clercs) choisis théoriquement en raison de leur compétence en sciences islamiques. Ils ne sont ni sacrés ni consacrés. Cela rapproche davantage cette religion de la sécularisation prônée par les institutions et les entreprises, et de la rationalité nécessaire dans tout projet social.

L'islam, comme on le constate dans les pays musulmans, refuse ou n'admet pas la séparation du politique et du religieux, mais aucune religion majoritaire dans aucun pays n'a invité d'elle-même à une telle séparation. Celle-ci s'impose à la religion, elle ne se négocie pas. Est-ce le catholicisme qui a inventé la séparation en France ? L'a-t-il admise immédiatement ? L'islam a-t-il su s'opposer à la laïcisation drastique opérée par Mustapha Kemal en Turquie, alors le cœur du califat islamique ?

Voilà pourquoi l'idée d'incompatibilité de l'islam avec la laïcité, qui préoccupe tant, me paraît sans fondement.

Mais ce qui accroît mon étonnement, c'est le fait que la laïcité est une conception de neutralité ; le neutre ne s'oppose logiquement à rien, et rien ne s'oppose à lui. Par ailleurs, on ne peut opposer la laïcité à l'islam qui se voit comme une religion de la non-contrainte en matière de religion et qui se fonde sur des convictions personnelles ; s'il n'est pas ce qu'il affirme, il est forcé de l'être car la France est un pays de droit où la Loi est souveraine !

L'islam et la laïcité, non seulement ne s'excluent pas mutuellement, mais l'expérience de l'un se révèle bénéfique pour l'autre. La présence de l'islam en France met la laïcité à l'épreuve, en vérifiant et en confortant sa solidité ; et s'il participe à sa définition, il l'orientera davantage vers l'universel. Car le consensus sur une idée devient plus fort s'il vient d'un groupe plus nombreux et de partenaires plus hétérogènes.

Quant à l'islam de France, religion minoritaire, il a tout à gagner d'une laïcité bien définie. Non seulement la laïcité le protège en tant qu'entité religieuse et garantit le libre exercice de sa pratique, mais l'honore, en le plaçant au même rang que les religions déjà pratiquées en France, notamment le catholicisme inhérent à la culture et à l'histoire de ce pays.

Il me semble même que si les musulmans ne sont pas des laïques, par définition, ils sont les plus aptes à accepter la laïcité. Si, pour d'autres considérations, les musulmans ne pouvaient être aptes à la laïcité, alors aucun adepte d'aucune religion ne pourrait l'être.

Il arrive que des imams en France manifestent une certaine méfiance envers la laïcité. Ils réagissent ainsi parce qu'ils la connaissent mal. Leur méconnaissance n'est ni originale ni injustifiée. Combien de personnes en France parlent de la laïcité sans peur de se contredire ou de se voir contredire par d'autres ? Si les imams savaient ce qu'est réellement la laïcité, ils deviendraient ses défenseurs les plus ardents.

Dans la pratique, tout ce que je viens de dire s'écroule, et les événements se déroulent de manière à démentir ce que j'avance comme évidence ; pourquoi ? C'est à cette question que nous sommes tous tenus de répondre, et non à celle de compatibilité ou d'incompatibilité de l'islam avec la laïcité.

La tendance générale identifie la laïcité à une neutralité bienveillante de l'État pour assurer l'équilibre social et garantir la liberté religieuse à tous les citoyens. La législation concernant cette matière, la jurisprudence depuis 1905, et la Constitution, clarifient davantage la volonté de garantir la liberté religieuse tout en lui offrant des repères et des mesures, au point qu'à un moment donné tout le monde croyait que le consensus sur la laïcité était établi et le problème réglé.

Puis l'islam arrive, non pas comme une religion propre à un groupe de passagers dont la présence est éphémère, mais comme une religion qui s'installe définitivement en France, en tant que confession d'une grande partie de résidents étrangers en voie de francisation et de citoyens à part entière. Tout le monde découvre alors que la laïcité peut souffrir d'un autre mal, à savoir son inapplication délibérée à certaines communautés confessionnelles. On découvre que l'exécuteur des lois laïques peut en faire une exégèse partiale et empêcher leur extension à toutes les Églises, surtout s'il est encouragé par l'atmosphère ambiante de l'administration ou par l'opinion publique. Voilà le mal essentiel dont souffre la laïcité aujourd'hui.

Au moment où l'on passe beaucoup de temps à débattre de la compatibilité ou de l'incompatibilité de l'islam avec la laïcité, les musulmans, une partie des citoyens, nagent dans une mare de problèmes issus de cette inapplication de la laïcité à leur égard, et de la non-jouissance des droits qu'elle-même préconise. Malgré le nombre de détenus de confession musulmane, il n'existe pas d'aumônerie musulmane formée de personnes bien identifiées, recrutées pour cette tâche ! On s'étonne ensuite que des jeunes délinquants se convertissent dans les prisons à l'activisme islamiste, inculte et peu spirituel !

Au moment où il n'y a aucun institut pour former des imams capables d'allier l'islam avec notre siècle, on se scandalise au vu des faits et des déclarations obscurantistes et anachroniques de certains de ceux qui président les lieux de culte musulman. Faute de cimetières et de carrés confessionnels islamiques, les musulmans expédient les dépouilles de leurs défunts dans leur pays d'origine, au prix d'incroyables difficultés matérielles et administratives, avec le regret que la France ne soit pas tout à fait leur patrie. La patrie d'un homme est une terre arrosée par son sang ou sa sueur, mais aussi celle qui recouvre ses os.

Ces problèmes compliquent, bien entendu, la vie quotidienne des musulmans, en les obligeant à contourner les difficultés et à se contenter de moyens de fortune. Mais le plus grave, c'est le sentiment qu'ils ont de n'être pas reconnus, et même d'être rejetés à cause de leur appartenance à l'islam, dans un pays qui déteste la discrimination. Les lieux insalubres dans lesquels ils prient, les garages et les caves, entre les conduites d'eau et les évacuations d'ordures, ne peuvent qu'accentuer cette frustration. Leur attachement à l'islam risque d'être contaminé par des sentiments de militantisme et de revendications. Déjà, certains jeunes brandissent leur foi comme un étendard face à une société jugée injuste.

La demande d'autorisation d'ouvrir un lieu de culte est souvent refusée ou renvoyée aux calendes grecques. Les administrateurs, élus ou nommés, avancent divers prétextes pour justifier leur attitude peu tolérante, dont « la laïcité de l'État » ; les lois n'ont rien prévu pour le culte musulman ; l'opinion publique n'est pas prête à voir une mosquée se dresser dans sa ville. Mais la principale échappatoire est : « Unissez-vous en une seule représentation, et l'on vous donnera tout. »

La coutume républicaine édicte que chaque plan urbain ou chaque projet d'agrandissement d'une ville doit prévoir pour les entités confessionnelles des terrains de construction de lieux de culte, ce qui est tout à fait respecté, exception faite pour les musulmans, qui, ébahis, réclament leur droit. On leur tient alors un affectueux discours juridico-historique, compliqué et abstrait, mais dont la conclusion est aussi simple que claire : ce n'est pas possible pour les musulmans.

Quand ceux-ci persévèrent et persistent dans leur demande, ou arrivent à déchiffrer les textes de lois pertinents, la Commune connaît alors une soudaine activité. Plusieurs projets surgissent pour accaparer les locaux vacants susceptibles de servir de lieux de culte musulman...

Et lorsque les musulmans achètent à des particuliers un vieux hangar ou un garage en bon état pour le transformer en mosquée, trop souvent une enquête tatillonne est ordonnée afin de prouver l'insuffisance des normes de sécurité, ou l'inadéquation de cette construction avec le plan urbain à moyen ou à long terme.

Quant à la demande d'aide financière pour construire ou entretenir un lieu de culte, elle se heurte à coup sûr à un refus catégorique. De plus, une telle démarche de la part des musulmans n'a jamais été signalée, car l'idée ne leur viendrait pas à l'esprit ; ils n'oseraient même pas l'imaginer [1].

Si, d'aventure, les musulmans s'adressaient à un pays musulman pour financer leurs projets, ils provoqueraient un tollé général et tout le monde crierait à l'ultramontanisme. Le financement des pays étrangers, des pays du Golfe ou du Maghreb par exemple, est soupçonné d'être une tentative de mainmise sur l'islam de France, portant ainsi atteinte à la souveraineté nationale. Par ailleurs, le lien avec ces pays risque d'importer des conflits politico-religieux auprès des musulmans de France, ou du moins de freiner leur intégration.

Les musulmans de France, qui en général ne sont pas très aisés, se trouvent alors coincés entre un financement étranger mal perçu, et le refus de toute aide nationale. Et si ces musulmans élèvent la voix, on leur dit : « Soyez laïques ! »

---

1. L'unique exception est la Mosquée de Paris. Pour des raisons connues de tous, une loi a été votée le 19 août 1920, autorisant une participation à sa construction. La Mosquée a toujours été subventionnée en partie sur fonds publics jusqu'à la fin des années 80. Même lorsque celle-ci est passée aux mains des Algériens, Cheikh Abbas avait alors sensibilisé le maire de Paris, Jacques Chirac, sur l'état des murs et des fondations de la Mosquée, amenant une décision du Conseil de Paris à adopter en 1988 le principe d'une subvention de 15 millions de francs, sous condition d'une participation de la Mosquée de 30 %. Cet accord n'a pas été appliqué durant le rectorat de Tedjini Haddam, et a été finalement réactivé avec l'arrivée de Dalil Boubakeur.

La laïcité de l'État

Le premier argument avancé par certains est « la laïcité de l'État ». Pour ceux qui allèguent ce court et rapide argument, la qualité laïque de l'État suffit pour faire la sourde oreille devant toute revendication d'ordre religieux qui émane aujourd'hui, essentiellement, des musulmans.

La laïcité est un argument qui ne tient pas. Elle n'empêche pas en soi un financement public, ou l'ouverture de lieux de culte musulman. Ces questions relèvent des lois laïques, et non de la laïcité en tant que principe qui, bien au contraire, respecte et assure le libre exercice religieux de tous. Ce sont les lois laïques et non la laïcité qui précisent et définissent les droits de la religion et les limites de ces droits. Les lois changent puisqu'elles sont des « moyens »; et le principe demeure, étant un « idéal ».

Certes, à partir de la loi de séparation de 1905, la République ne reconnaît et ne salarie aucun culte. Mais cette loi avait le souci de ne pas entraver ou léser les religions. Elle stipule d'une manière explicite dès le premier article :

> **Article 1 :** La République assure la liberté de conscience. Elle garantit le libre exercice des cultes...

Le deuxième énoncé de cet article est très clair La République se doit de réaliser les souhaits de toute catégorie de citoyens lorsque ceux-ci veulent exercer leur culte dans la cité, même en tant qu'expression collective. La République doit trouver le moyen adéquat pour que cet exercice cultuel se déroule d'une manière convenable. Sinon que signifient les mots « assure » et « garantit » de l'article 1 de la loi de 1905 ?

> **Article 4 :** ... Les biens mobiliers et immobiliers... et autres établissements publics du culte seront... transférés par les représentants légaux de ces établissements aux associations qui en se conformant aux règles d'organisation générale du culte dont elles se proposent d'assurer l'exercice se seront légalement formées suivant les prescriptions de l'article 19, pour l'exercice du culte dans les anciennes circonscriptions desdits établissements.

Il est tout à fait évident qu'il ne s'agit pas uniquement des libertés de conscience individuelles, mais d'un libre exercice religieux collectif et public effectué selon les règles propres aux Églises concernées [1]; la loi le garantit comme tel. Si la séparation est ainsi nettement posée dans le principe des deux sphères publique et privée indépendantes, celles-ci ne vivent pas dans l'indifférence réciproque. C'est pour cela que depuis la loi de

1. Jean Boussinesq, *La Laïcité française*, Ed. du Seuil, Collection Le Point, 1994, p. 32.

1905, le législateur a pris toute une série de dispositions pour rendre effective cette liberté de l'exercice religieux.

Remarquons cependant que la mise à disposition des biens immobiliers appartenant à l'État constitue de fait une sorte de subvention avec ce que cela implique comme entretien et restauration. L'article 13 de la même loi l'exprime explicitement :

> **Article 13 :** Les édifices servant à l'exercice public du culte, ainsi que les objets les garnissant, seront laissés gratuitement à la disposition des établissements publics du culte, puis des associations appelées à les remplacer.

La loi du 13 avril 1908, et plus particulièrement l'article 5, précise les modalités de l'aide publique :

> **Article 5 :** l'État, les départements et les communes pourront engager les dépenses nécessaires pour l'entretien et la conservation des édifices du culte dont la propriété leur est reconnue par la loi.

Enfin, la loi du 19 juillet 1908 exonère les lieux de culte de l'impôt foncier.

Ainsi, la législation a prévu la possibilité pour les collectivités locales de participer financièrement à la conservation et à l'entretien des édifices du culte qui leur appartiennent, et même de garantir les emprunts contractés par les associations cultuelles pour la construction de nouveaux édifices, comme le stipule l'article 11 de la loi du 29 juillet 1961.

De même, la loi sur le mécénat prévoit des avantages fiscaux pour les dons effectués aux associations cultuelles. À cela s'ajoute la possibilité pour les instituts d'enseignement religieux, s'ils remplissent certaines conditions, de bénéficier du concours financier de l'État.

Concernant les services d'aumônerie dans des établissements étatiques comme l'enseignement public, le législateur l'a également prévu dans l'article 2 de la loi de 1905 :

> **Article 2 :** ... Pourront toutefois être inscrites auxdits budgets, les dépenses relatives à des exercices d'aumônerie et destinées à assurer le libre exercice des cultes dans les établissements publics tels que les lycées, collèges, écoles, hospices, asiles et prisons...

Voilà en partie ce qu'offrent les lois laïques telles qu'elles existent aujourd'hui, pour assurer le libre exercice des cultes, de tous les cultes.

Les raisons historiques

Malgré la nature impartiale et générale de ces lois, beaucoup d'intellectuels et d'hommes politiques affirment qu'elles ne sont pas applicables à l'islam. Ils avouent, certes, que la situation est embarrassante, mais expliquent que la présence de l'islam en France est postérieure aux grands débats de 1880 à 1905, qui ont engendré la séparation, et qui ont fait imaginer et adopter ces lois, comme l'écrit Mohammed-Chérif Ferjani :

> ... Au moment où la France parachevait l'essentiel de la juridiction concernant le statut des communautés confessionnelles sur son sol, l'islam... était quasi inexistant dans la métropole et par conséquent dans les préoccupations des législateurs [1].

Guy Gauthier ajoute à ce propos :

> L'espace laïque français présente un point aveugle : les minorités qui n'ont pas participé à sa définition [2].

Mais cette explication, souvent avancée, ne justifie aucunement l'état de non-droit dans lequel se trouve l'islam en France aujourd'hui. De plus, elle n'est pas tout à fait exacte. La France a administré l'islam – ou plutôt, elle a administré les affaires de l'islam – plusieurs décennies avant et après la loi de la séparation de 1905. L'islam n'était donc pas absent, mais présent au cœur de la raison de l'État qui le traitait différemment, et il n'est pas coupable de la discrimination dont il a été victime.

Les républicains de la IIIe République, qui prônaient la laïcité en métropole, étaient très laxistes quant à son application dans les colonies. Eux qui harcelaient les congrégations en France, soute-

1. « Islam et valeurs républicaines » *in Projet* n° 231 spécial : Musulmans en terre d'Europe.
2. *A.R.M*, mai 1993.

naient les missions catholiques outre-mer. « Là, face à d'autres cultures, ils auront l'impression de participer au même ordre occidental », comme l'écrit Jean Baubérot [1] ; ou comme l'a écrit en 1950 al-Bachîr al-Ibrâhîmî [2] dans de longs articles revendiquant la laïcité en Algérie :

> La France a emmené le prêtre en Algérie... tout en lui assurant subside et liberté d'action. Elle l'a renié chez elle, pour croire en lui ici [3] !

Malgré la séparation de l'Église et de l'État, la religion musulmane faisait l'objet d'un traitement exceptionnel, et était directement liée à l'État. L'islam était en effet considéré comme une religion relevant de la question coloniale. Ce traitement se limitait à comprendre ce phénomène, et essayer de le gérer dans les régions musulmanes colonisées.

En 1911, après la loi de 1905, une Commission interministérielle des Affaires Musulmanes est constituée. Elle rassemble les représentants de plusieurs ministères, l'Intérieur pour l'Algérie, le ministère des Colonies pour l'Afrique Équatoriale Française (A.E.F.), et l'Afrique Occidentale Française (A.O.F.), les Affaires étrangères pour les protectorats de Tunisie, du Maroc et les autres pays musulmans. Cette commission se réunit une fois

---

1. Jean Baubérot, *Vers un nouveau pacte laïque?, op. cit.*, p. 41.
2. Deuxième président de l'Association des Ulémas algériens.
3. *Al-Basâ'ir*, n° 103 de 1950 ; article repris dans *'Uyûn al-Basâ'ir*, Ed. Dâr al-Ma'ârif, Le Caire, 1963, p. 75.

par mois sous la présidence du ministre des Affaires étrangères. Son objectif principal est d'unifier les points de vue et les attitudes à l'égard des musulmans.

En métropole, les autorités ne se soucient guère de faciliter ou d'assurer l'exercice du culte pour les musulmans, sauf à concentrer leur attention sur quelques imams hérités de la première guerre. Ceux-ci, jugés influents, sont couverts de décorations chaque fois qu'on veut faire un geste en direction des musulmans.

L'Algérie, terre qui n'a jamais été considérée comme une colonie, est déclarée dès la Constitution de 1848 « territoire français », et, en 1870, est directement rattachée au ministère de l'Intérieur, situation qui a duré jusqu'à l'indépendance de ce pays. Mais la loi de 1905 n'est nullement appliquée en Algérie, pourtant partie intégrante de la France, où il n'y a place que pour une seule loi. En théorie, la loi de 1905 est étendue en Algérie par le décret du 27 septembre 1907 [1]. Ce décret est une reproduction de la loi de séparation avec certaines variantes propres à la situation algérienne ; l'article 15, par exemple, mentionne expressément les mosquées :

> **Art. 15 :** Il sera procédé à un classement complémentaire des édifices... (cathédrales, chapelles, temples, *mosquées*, archevêchés, évêchés, presbytères, séminaires)...

1. *J.O.* du 30 septembre 1907, pp. 6838-6841.

> Les archives ecclésiastiques et bibliothèques existant dans les archevêchés, évêchés, grands séminaires, paroisses, succursales et leurs dépendances, mosquées, seront inventoriées...

Mais avec des réserves et des imprécisions créant des ambiguïtés dont on ressent aujourd'hui les conséquences.

On signale pourtant maintes demandes et revendications pour séparer l'islam de l'État français, émanant surtout des sphères musulmanes algériennes. Les musulmans eux-mêmes souhaitent cette séparation que l'État leur refuse, et non l'inverse, comme c'est le cas à cette époque, avec le catholicisme en France.

Au début du siècle, une partie de l'élite musulmane francophone se reconnaît volontiers laïque et progressiste, et revendique la laïcité d'une manière aussi radicale que certains républicains de la IIIe République. Ce mouvement émane essentiellement de jeunes instruits et actifs qui multiplient les réunions, créent des associations et utilisent la presse [1].

Ce mouvement ne réclame pas seulement l'égalité et la citoyenneté, mais l'assimilation la plus totale, c'est-à-dire l'entrée dans la cité française.

Une partie du groupe a tempéré par la suite ses positions radicales pour se rapprocher des senti-

1. Ch. Robert Ageron, *Histoire de l'Algérie contemporaine*, Ed. PUF, Paris, 1964, p. 71. Voir aussi 'Ammâr Tâlbî, *Âthâr ibn Bâdîs*, Ed. Mrâzqa, Alger, 1968, t. 1, pp. 51 et 52.

ments généralement partagés par l'Élite [1] musulmane en Algérie. Probablement leurs contacts avec l'Émir Khaled, petit-fils d'Abd el-Kader, et avec le célèbre réformateur libanais Shakîb Arslân, ont permis cette modération et cette prise de conscience de leur différence confessionnelle.

Dès lors, l'Élite comme, quelques années plus tard, les Ulémas [2] réformateurs, accompagne toutes leurs actions politiques ou religieuses, de la réclamation d'une laïcité à la française telle qu'elle s'est précisée après 1905 : séparation et liberté religieuse. L'Émir Khaled, qui, de par son rang, présidait en quelque sorte ce mouvement, écrit en 1924 dans la revue *Al-Najâh* un article réformateur et avant-gardiste sur le thème du « califat ». Mais il devient surtout célèbre pour une série d'articles dans le journal *Al-Iqdâm,* où il expose clairement ses idées « islamiquement laïques ». Ses écrits trouvent un écho considérable auprès de beaucoup de musulmans francophones, notamment les enseignants et les fonctionnaires en Algérie ou en métropole [3]. Deux journaux franco-

1. L'Élite (avec E majuscule) désignait les intellectuels et les notables musulmans francophones intégrationnistes, par opposition aux nationalistes gauchistes qui, eux, revendiquaient dès les années vingt l'indépendance totale de l'Algérie.

2. Les Ulémas (avec un U majuscule) appartiennent au mouvement de la réforme religieuse et sociale entreprise par Ben Badis, poursuivi par ses successeurs jusqu'à l'indépendance de l'Algérie et dissous par le premier président Ben Bella.

3. L'Emir Khaled est mort à Damas en 1936 après avoir été arrêté et jugé à Paris, puis exilé.

phones sont créés pour promouvoir cette voie : *La Voix indigène* à Constantine, et *La Voix des humbles* à Alger.

Cette pensée islamique et laïque s'est incarnée par la suite dans la mouvance du réformisme des Ulémas algériens, autour de la personnalité de Ben Badis, qui n'a jamais cessé de réclamer au gouvernement français la séparation et la liberté religieuse.

En août 1934, lors d'une grande réunion rassemblant deux mille dignitaires musulmans, l'assemblée décide d'envoyer un télégramme aux autorités françaises. Le contenu de ce télégramme est publié en arabe dans *Al-Shihâb*, le célèbre hebdomadaire du cheikh Ben Badis. En voici un extrait :

> ... Les deux mille Ulémas réunis à Alger... s'expriment pour affirmer leur fidélité à la France et leur lien avec elle. [Mais] ils attirent respectueusement votre attention sur la mauvaise situation issue de l'interdiction qui frappe les religieux [qui se veulent] libres [par rapport au gouvernement français] de sorte qu'ils ne peuvent pas exercer dans les mosquées, ainsi que sur les entraves faites à l'enseignement en langue arabe... Ils vous demandent d'exercer votre autorité pour décréter en faveur de tout ce qui garantit la liberté religieuse, la liberté de l'enseignement arabe et la liberté de la presse arabe [1].

1. *Al-Shihâb* du 12 août 1934.

Cet appel reste sans réponse.

Deux ans plus tard, à l'invitation de Ben Badis [1], se tient à Alger, le 17 juin 1936, le Congrès islamique, dans les locaux du célèbre club *nâdî al-Taraqqî,* rassemblant plusieurs tendances politiques et intellectuelles. Il s'agit d'étudier la situation et le statut des musulmans français. À la fin de ce congrès, chacune de ses composantes envoie ses réclamations au gouvernement du Front populaire. Voici la revendication propre aux Ulémas :

> Les mosquées doivent être cédées aux musulmans et le budget relatif à leurs propres Habous doit être précisé. Des associations cultuelles formées selon les lois de la séparation prennent en charge la gérance de ces mosquées [2].

Une délégation de ce congrès, formée de députés et de trois Ulémas [3] quitte Alger pour Paris, où elle rencontre le gouvernement et les partis politiques. Elle reçoit promesses et garanties, et le gouvernement forme un comité pour étudier la réalisation de ces demandes qui sont conformes à la Constitution. Après une longue attente, Ben Badis écrit avec amertume, en 1937 :

---

1. Dans une revue francophone, *La Défense,* de janvier 1936. Cette revue était dirigée par al-Amîn La'mûdî, un des disciples de Ben Badis.

2. *Al-Basâ'ir* du 19 juin 1936, et *al-Shihâb,* juillet 1936.

3. La délégation était présidée par le Dr Ben Jalloune, les trois Ulémas étaient Ben Badis, al-Ibrâhîmî et al-Uqbî.

> Après cela, nous voyons que c'est de notre devoir de déclarer à notre peuple que nous ne comptons que sur nous-mêmes et sur Dieu [1].

En 1950, le successeur de Ben Badis, cheikh al-Bashîr al-Ibrâhîmî, deuxième président des Ulémas, et le vice-président cheikh al-'Arabî al-Tibassî, se rendent de nouveau à Paris pour relancer le gouvernement sur la question de la Séparation de la religion et de l'État. Dans le même temps, ils observent de près la situation sociale et religieuse des travailleurs musulmans en métropole. Ils rappellent ainsi au gouvernement le droit des musulmans vivant en France d'exercer leur religion. *Al-Basâ'ir,* l'hebdomadaire des Ulémas, commente l'événement :

> Malgré leurs efforts, les autorités n'ont pas accordé justice à un peuple méprisé dans ce qu'il possède de plus sacré [2].

En métropole ou en Algérie – partie intégrante de la nation –, la France transgresse sa laïcité lorsqu'il s'agit des musulmans. Pourtant, la France avait colonisé les Algériens et d'autres peuples sous le prétexte de leur apporter la civilisation, le développement et surtout les principes libérateurs de la Révolution, telles la liberté, l'égalité..., y compris la laïcité qui était en voie de précision et d'ajustement. Certes, l'intégration de ces peuples au sein de la mère patrie demande un certain

1. 'Ammâr Tâlbî, *op. cit.*
2. *Al-Basâ'ir,* n°s 172 et 173, du 15 octobre 1951.

temps, mais quand cette intégration devient envisageable, la France recule devant les conséquences en repoussant elle-même cette intégration que demande une partie de ses colonisés, et ferme les yeux devant les injustices et les inégalités que subissent ces peuples.

Lors de la Conférence de Brazzaville qui se tient du 30 janvier au 8 février 1944, la France écarte toute idée d'indépendance alors qu'elle n'envisage pas un instant l'accession des indigènes au statut de citoyens.

Le discours qui illustre cette crainte est celui d'Édouard Herriot à l'Assemblée nationale, le 27 août 1946 :

> La France deviendrait ainsi la colonie de ses anciennes colonies [1].

Les journalistes de l'époque résument la situation :

> En cas d'intégration des colonisés dans la République, il y aurait à l'Assemblée Nationale une majorité de polygames !

Même lorsque les autorités françaises veulent manifester leur reconnaissance ou récompensent les musulmans, elles établissent des institutions spécifiques qui affirment leur différence, et non une législation qui les rapproche du statut de citoyens. C'est dans cette logique qu'on construit la Mos-

---

1. *Les Grandes Citations,* Ed. Marabout, Belgique, 1990.

quée de Paris, inaugurée en 1926, et l'hôpital franco-musulman de Bobigny, ouvert en 1935.

Il faut attendre la loi du 20 septembre 1947 [1]qui se veut égalitaire envers tous les habitants des départements français d'Algérie :

> **Article 2 :** ... Tous les ressortissants de nationalité française des départements d'Algérie jouissent, sans distinction d'origine, de race, de langue, ni de religion, des droits attachés à la qualité de citoyen français...
>
> Ils jouissent notamment de toutes les libertés démocratiques, de tous les droits politiques, économiques et sociaux attachés à la qualité de citoyen de l'Union française...

Cette loi donne à l'islam le statut d'un « culte reconnu », mais affirme en même temps son indépendance par rapport à l'État. Ce qui représente une anomalie faite d'une combinaison incertaine entre le régime des cultes reconnus et le principe de la séparation.

> **Article 3 :** Les citoyens qui n'ont pas renoncé expressément à leur statut personnel, continuent à être régis par leur droit et par leur coutume en ce qui concerne leur état...
>
> Quand ils résident en France métropolitaine ils y jouissent de tous les droits attachés à la qualité de citoyens français...
>
> **Article 56 :** L'indépendance du culte musulman à l'égard de l'État est assurée au même titre que celle des autres cultes dans le cadre de

1. *J.O.* du 21 septembre 1947, p. 9470.

la loi du 9 décembre 1905 et du décret du 27 septembre 1907.

Malgré l'équité de cette loi qui statue sur les musulmans en Algérie et en Métropole, l'Assemblée, créée par l'article 6 de la même loi pour mener à bien ces résolutions, n'a pas fonctionné. Les décisions de cette Assemblée n'étaient exécutoires qu'après homologation par décrets (c'est ce que prévoit l'artice 15 de la même loi). En cas de refus d'homologation, le parlement français devait statuer en dernier ressort, ce qu'il n'a jamais fait.

Lesdites « raisons historiques » ne sont pas de valables raisons pour exclure l'islam d'aujourd'hui du champ que les lois laïques ouvrent devant les religions en France. Bien au contraire, l'Histoire donne plus de légitimité à la revendication actuelle des musulmans, car elle témoigne qu'ils n'ont jamais cessé de prier le gouvernement français de leur appliquer la laïcité, rien que la laïcité.

Mais l'Histoire peut-elle vraiment être en soi un argument pour déterminer aujourd'hui les droits des uns et des autres ?

Même s'il n'y avait pas le moindre contact entre la France et l'islam, la présence, même récente, d'une religion nécessite qu'on la traite comme on a coutume de traiter la religion en général. C'est ainsi l'esprit des lois, sinon la lettre.

Chapitre III

Faut-il changer les lois?

L'absence de toute mention de l'islam dans les lois et les textes juridiques est une raison suffisante, aux yeux de certains hauts responsables, pour l'exclure du champ du droit. Cet argument est en réalité un argument captieux qui compromet le principe même de laïcité. Au lieu de chercher à adapter ces textes à la réalité nouvelle, ces hauts responsables cherchent paradoxalement à adapter l'islam à la situation de non-droit. Ainsi Raoul Weexsteen[1], le plus haut responsable chargé du dossier de l'islam, écrit dans ce qu'il a appelé : « Approche cultuelle de l'islam par l'État

1. Conseiller technique au Cabinet du ministre de l'Intérieur, durant la période de Pierre Joxe, Philippe Marchand et Paul Quilès. Il fut la première personne chargée d'organiser l'islam en France, et de veiller au bon déroulement du Conseil de réflexion sur l'islam en France (CORIF).

français[1] », à propos de la réglementation religieuse en Alsace-Moselle :

> ...Rien ne permettait de prendre en compte l'islam lors de l'élaboration du Concordat en 1801. C'est la raison pour laquelle, malgré quelques revendications actuelles, il n'est pas question d'étendre le Concordat en Alsace-Moselle aujourd'hui à l'islam...

Si l'on juge que les lois ne répondent pas aux besoins d'une situation nouvelle, rien n'empêche leur modification. Dans une démocratie parlementaire, les lois sont faites pour être changées chaque fois qu'on en éprouve le besoin. Elles ne sont ni des principes métaphysiques éternels ni des lois naturelles immuables ; elles sont conjoncturelles et visent le bien-être et l'intérêt de tous à un moment donné, et s'adaptent au changement de ce bien-être et de cet intérêt.

Dans cette logique, même le statut particulier hérité du Concordat des régions Alsace-Moselle a été l'objet de légères modifications, tel le décret du 18 mars 1992, à propos des fonctionnements des fabriques, ou celui du 24 mars 1992 qui concerne les seules fabriques catholiques...

Certes, ces modifications sont dérisoires et très superficielles car elles ne répondent nullement aux besoins de la liberté religieuse et de l'égalité de traitement entre les religions exercées dans ces

1. Raoul Weexsteen, « Approche cultuelle de l'islam par l'État français » *in Islam et politique*, Ed. Espace Européen, Paris, 1992, p. 100.

régions, mais elles ont le mérite de montrer que tout est susceptible de changement si le Conseil d'État le veut.

C'est dans ce sens que le rapport Marchand (du nom de l'ancien ministre de l'Intérieur), proposé à l'Assemblée nationale en mai 1990, est allé jusqu'à envisager, le cas échéant, un subventionnement public de la construction des mosquées, ce qui représentait une véritable modification de la loi de 1905.

Faut-il changer les lois?

Bien que les lois positives soient par définition modifiables, rien ne nous oblige, à mon avis, à modifier les lois laïques telles qu'elles existent aujourd'hui, modifications qui risquent de soulever une controverse passionnelle, sinon dangereuse. Ces lois sont les piliers mêmes de la laïcité en France, assurant un équilibre dans un domaine fragile. En revanche, il faut s'intéresser à leur vieillissement et à leurs limites.

Devant les réticences locales face à l'islam, il faut expliquer ces lois et élargir leur sens par des décrets d'application, afin qu'elles impliquent la religion musulmane ou toute autre religion nouvellement installée. Ainsi mettrait-on fin aux exégèses partiales émanant des personnes chargées d'exécuter ces lois. Il faut également rappeler avec insistance la nature globale et égalitaire des lois, et surtout, élargir le sens des termes « culte », « lieu de culte », « ministre du culte », « aumônerie » et « aumônier ». Ces dispositions suffiraient normalement pour répondre aux besoins de la réalité d'aujourd'hui.

C'est aussi l'avis de nombreux spécialistes de la laïcité [1], comme par exemple Michel Morineau [2], qui écrit :

> Ces deux lois [1901 et 1905], à condition d'être mieux connues et surtout mieux appliquées par les agents de l'État, ne nécessiteraient pas d'avenants spéciaux, à plus forte raison d'amendements. Dans le respect de sa tradition culturelle et cultuelle, l'islam français peut s'y référer pour trouver place au côté des autres religions [3].

De plus, il existe une analogie entre la situation des musulmans et celle des juifs de France par rapport au droit français. Depuis la loi de séparation de 1905, le droit français ne dit mot sur les juifs, pas plus que sur les musulmans. Mais l'absence de toute mention du judaïsme n'a pas empêché, par exemple, que l'abattage rituel juif ait été résolu sans modifier les lois laïques ou remettre en cause le principe de laïcité.

En 1936, le Conseil d'État n'avait pas hésité à

1. Voir l'avis de Jean Boussinesq et Michel Morineau, « Perspective » *in La Laïcité française*, *op. cit.*, p. 182.
2. Président du groupe de réflexion sur l'islam et la laïcité, au sein de la Ligue de l'enseignement.
3. « Questions pour une laïcité de l'an 2000 » *in Vers un nouveau pacte laïque?*, *op. cit.*, p. 259.

déclarer nul un arrêté municipal réglementant les modes d'abattage du bétail, lorsqu'il a jugé que cet arrêté ne permettait pas à la communauté israélite de la localité de procéder à l'abattage selon les lois mosaïques.

La construction des mosquées

Le problème de la construction des mosquées se règle facilement selon les lois laïques telles qu'elles existent aujourd'hui, et les collectivités ont le choix entre trois possibilités :

La première possibilité

La construction de tout l'édifice, finitions et décorations comprises, reflète la dignité d'une religion, avec un style architectural qui s'intègre dans la ville. En contrepartie, la collectivité demeure seule propriétaire du lieu, même si une association est totalement libre de sa gestion. C'est ce que prévoient l'article 13 de la loi de 1905 et l'article 5 de la loi de 1908.

Quelques municipalités ont déjà vécu cette expérience. Le Centre culturel islamique de Rennes a ouvert ses portes le 10 juin 1983 grâce à la participation active de plusieurs musulmans, et surtout grâce à l'engagement d'Edmond Hervé, alors secrétaire d'État à la Santé, qui dirigeait cette municipalité. Ce centre, une mosquée et une école coranique, est situé dans la ZUP au sud de la ville, et occupe 652 mètres carrés. La gestion a été confiée à un « Comité de sages » représentant des communautés algérienne, marocaine, tunisienne, turque et libanaise. Mais la mairie demeure propriétaire du lieu. Le Conseil d'État, dans un arrêt du 12 février 1988, confirme la légalité de cette procédure.

La deuxième possibilité

La collectivité garantit un emprunt servant à une association musulmane locale pour acheter un terrain et construire un édifice. L'association demeure propriétaire du lieu et rembourse le prêt selon les modalités préalablement établies. C'est ce que prévoit l'article 11 de la loi de 1961.

La troisième possibilité

La collectivité cède un terrain sous forme de bail emphythéotique (un bail de 99 ans) à une association musulmane. Ce terrain est en soi le meilleur support concret afin d'organiser une souscription pour la construction de l'édifice. A l'expiration du bail, la collectivité devient propriétaire et du terrain et de l'édifice. Le système a déjà été appliqué dans les années trente[1] pour construire de nouvelles églises catholiques, et ses dispositions mises au point pour les « Chantiers du cardinal », une allusion au cardinal Verdier qui les a négociées avec le gouvernement Blum de l'époque. Ce même système a été utilisé

1. Alain Boyer, *op. cit.*, p. 130.

pour la construction de synagogues, lors de l'arrivée des sépharades en France après l'indépendance de l'Algérie.

Même si l'État demeure propriétaire des mosquées, il doit s'engager à les considérer de façon définitive comme bien public réservé au culte musulman. C'est d'une importance capitale, car selon le droit musulman, un lieu ne peut être affecté à une mosquée s'il n'a fait l'objet que d'une location ou d'un prêt. Il doit être *habous*, un bien religieux affecté définitivement au culte musulman.

La question des cimetières

Au problème des mosquées s'ajoute celui des cimetières, qui n'ont plus de caractère religieux depuis la loi de 1881. Dès 1885, les communes en ont pris la responsabilité, et une loi adoptée en 1887 facilite les obsèques à caractère purement civil. Mais il est possible, comme tout le monde le mentionne, de concevoir l'aménagement de carrés confessionnels ou « culturels ». Il y a ainsi, au cimetière du Père Lachaise, un carré communiste, le « mur des Fédérés »[1]. L'areligiosité des services publics ne devrait pas entraver la liberté religieuse, ou l'inhumation selon tel ou tel rite. Des textes réglementaires récents,

1. Émile Poulat, *in Migrations et société,* Vol. 6, n°s 33-34, mai-août 1994.

notamment les circulaires de 1975 et de 1991, ont précisé – tout en maintenant le principe de la neutralité des cimetières – la possibilité pour les maires de constituer des carrés confessionnels, de procéder à des regroupements de sépultures dans des espaces réservés – mais non isolés du reste du cimetière par une clôture.

Les musulmans devaient normalement bénéficier de cette réglementation, du fait de la quasi-inexistence de cimetières qui leur soient propres. Je suis même convaincu que les circulaires de 1975 et 1991 (la dernière sous proposition du Corif) avaient dans l'esprit de faciliter la sépulture aux musulmans.

Il faut toutefois signaler que le carré musulman a une exigence particulière : les tombes doivent être alignées et tournées vers La Mekke, ce qui représente une contrainte d'ordre géométrique. Il faut signaler également ce que Azzedine Guellouz, ancien membre du Corif, a appelé « une innovation juridique » :

> Comme certains cimetières sont trop petits et que certaines communes comptent trop peu de musulmans, on a admis qu'un musulman pourra se faire enterrer dans le cimetière le plus proche comportant un tel carré [1].

Ces circulaires, malgré leur nouveauté, contrairement à la construction des mosquées, sont plus

1. Azzedine Guellouz, « Le Corif » *in Projet* n° 231, automne 1992, p. 83.

ou moins respectées par les municipalités. Face à la mort, on se soucie davantage d'égalité.

Pour répondre au besoin de la formation des imams, les lois laïques sont également utilisables. Rien n'empêche de présenter l'enseignement islamique sous la forme d'un enseignement privé avec « un contrat d'association » afin qu'il bénéficie d'une subvention publique à l'instar des instituts catholiques. Là aussi, il faut rappeler aux autorités que la liberté de l'enseignement est, en France, un principe constitutionnel, reconnu comme tel en 1976 par le Conseil constitutionnel. Or, à ma connaissance, aucune demande émanant des musulmans n'a été signalée jusqu'ici ; sauf une qui ne s'affiche pas comme un enseignement proprement religieux. Ce projet a été présenté en mai 1994 par le lycée privé Montesquieu, que dirige Hajj Eddin Sary Ali. Ce dernier attend toujours la réponse du Rectorat.

Mais ma conviction est que l'enseignement islamique se règle mieux dans un cadre universitaire, donc public et laïque. C'est ce que j'approfondirai plus loin.

CHAPITRE IV

L'islam, une culture différente

Une des idées répandues est que dans l'islam « le culturel interfère avec le religieux ». Cette interférence aux yeux de certains hommes politiques et intellectuels justifie l'hostilité de l'opinion publique. Cette opinion me paraît, encore une fois, erronée. Toute religion, quel que soit son enseignement, influence et veut influencer la culture et le comportement de ses adeptes, et conditionne ses réflexes telle une seconde nature. Sinon, à quoi bon avoir une religion et suivre son enseignement ? À quoi bon avoir une spiritualité qui ne se traduit pas en actions positives dans le quotidien ? L'essentiel, dans une société pluriculturelle, est que l'adepte d'une religion s'adresse, avec une rationalité partagée, à l'institution collective le représentant au même titre que d'autres citoyens qui n'ont pas le même réflexe culturel.

À ma connaissance, aucun musulman en France n'a exigé d'une institution publique d'avoir des repères islamiques dans son fonctionnement. Si, par ailleurs, le musulman de France s'abstient de boire de l'alcool, s'interdit certaines pratiques ou ne mange qu'avec sa main droite en commençant par la viande et en disant « au nom de Dieu », ces pratiques ne devraient déranger personne et leur mention relève de l'absurde.

Si certaines pratiques plus notables sont susceptibles de heurter la loi et de provoquer la réprobation générale – telles la polygamie et l'excision, ainsi que d'autres pratiques liées au statut de la femme –, je le regrette, car elles découlent plus de préjugés que d'un regard scientifique ou d'un constat réel. Ainsi Jean Gaeremynck affirme, comme d'autres, l'incompatibilité des exigences de l'islam en matière de statut personnel avec celles du droit français. C'est peut-être vrai sur le plan philosophique ou existentiel, mais il a avancé des arguments qui n'opposent ni l'islam, ni la France, mais les fantasmes des uns aux pratiques coutumières figées des autres. Jean Gaeremynck dit à ce propos :

> Les points de friction [entre l'islam et la France] sont souvent relatifs au statut personnel, notamment en ce qui concerne le statut de la femme et celui de l'enfant : polygamie, répudiation, contrainte matrimoniale (ou mariage forcé), excision [1], etc.

1. Jean Gaeremynck, « Statut personnel et la loi française » *in Projet* n° 231, automne 1992, p. 88.

Je signale que lorsque Jean Gaeremynck soutenait cette thèse, sa parole avait un grand poids ; il était maître des requêtes au Conseil d'État et rapporteur auprès du Haut Conseil à l'intégration. Son témoignage faisait donc foi et contribuait au dessein de la politique de la France à l'égard des musulmans.

Avant de traiter ces points de friction, je tiens à rappeler que la première lecture de la loi mosaïque, par exemple, révèle davantage la « barbarie » dénoncée par l'homme occidental. Je dis « première lecture » pour ne pas tomber dans les préjugés que je dénonce. Comme la loi mosaïque et le droit canon n'ont pas empêché les juifs et les chrétiens d'être des partenaires du même vécu dans le cadre d'une laïcité « bien définie et applicable à tous sur un même pied d'égalité », le droit musulman, au même titre que les autres, ne devrait pas provoquer de gêne. La France est un pays où il n'y a qu'une seule loi souveraine, la loi positive. Le droit, quelle que soit son origine religieuse, y compris le droit musulman, n'a d'existence et d'effet qu'en guise d'engagement personnel et d'autodiscipline individuelle ou sous forme d'accord implicite et mutuel entre plusieurs individus. La loi en France ne laisse aucun choix au droit d'origine religieuse : elle s'impose à lui.

Dans ce contexte, le débat sur l'inadaptation du statut personnel des musulmans au droit français est suspensif. Mais, à titre d'information, je veux évoquer « les points de friction » un par un.

La polygamie

La polygamie dans le droit musulman est une possibilité ; elle n'est ni une obligation ni un droit pour le musulman. C'est une autorisation d'exception, exprimée à demi-mot, même si elle n'est pas tombée dans l'oreille d'un sourd ! Le Coran dit à propos de la prise en charge des orphelins et la gérance de leurs biens :

> Donnez aux orphelins leurs biens ; n'y substituez pas le mauvais au bon. Ne mangez pas leurs biens avec les vôtres : ceci est un péché grandissime.
>
> Et si vous craignez de n'être pas équitable envers les orphelins, prenez des épouses, par deux, par trois, par quatre, parmi les femmes qui vous plaisent, mais si vous craignez de n'être pas juste, alors une seule [suffit]. (Versets 2 et 3 de la sourate 4.)

Il est vraisemblable que ce verset – le seul qui évoque la polygamie – ne l'autorise qu'avec les veuves ayant des enfants. Elle est incontestablement liée à la prise en charge des orphelins, ainsi qu'à la gérance de leurs biens. C'est dans ce cadre seulement que le Coran autorise la polygamie, afin que les hommes, notamment dans une société tribale guerrière, puissent avoir la possibilité de prendre en charge les orphelins et les veuves. La deuxième condition, qui cadenasse la polygamie et qui est difficile à assurer, concerne l'équité exigée envers toutes les épouses, aussi bien affective que matérielle. Ainsi le Coran met en garde les croyants :

> Vous ne serez jamais capable de faire l'égalité entre les femmes, quand bien même vous vous y appliqueriez. (Verset 129 de la sourate 4.)

Cette autorisation n'est pas tout à fait ouverte comme dans l'Ancien Testament, mais pas tout à fait proscrite comme dans la loi française.

Le Coran est un enseignement qui devrait toucher toutes les sociétés, y compris guerrières ou primitives. C'est pourquoi sa législation prévoit le pire par des autorisations, alourdies de conditions, puisqu'elles ne sont pas la règle générale. Un adage arabe dit : « Pour assurer l'unité de la caravane, tous marchent au rythme du plus lent », et la logique coranique dit : « Pour assurer l'éternité d'une législation, celle-ci doit pouvoir s'appliquer même aux sociétés les moins évoluées ». Il suffit au bédouin de lever les yeux pour apercevoir les signes cosmiques visibles afin de connaître les jours et les heures canoniques. Mais, à Paris, c'est l'observatoire qui fixe le calendrier de référence.

Cette autorisation conditionnelle de la polygamie heurte-t-elle les lois françaises ? Non, bien sûr ! Les exigences de la loi ne gênent aucunement les musulmans puisqu'elles ne s'opposent pas à une obligation qu'ils doivent observer. Même une obligation religieuse clairement exprimée doit être relativisée par la loi et la coutume du lieu. Quant à une autorisation libellée de cette manière, le problème ne se pose même pas.

La répudiation

Dans la langue française, il existe deux termes pour désigner la manière dont on se sépare maritalement de sa femme : « le divorce » et « la répudiation ». Le premier désigne la dissolution du mariage prononcée par jugement, le deuxième désigne le renvoi de la femme par décision unilatérale du mari [1]. Dans la langue arabe, en revanche, il n'existe qu'un seul terme, *al-talâq,* qui veut dire approximativement : libération, affranchissement ou, plus exactement, la levée du lien.

Ce *talâq* désigne-t-il, en droit musulman, la répudiation ou le divorce ?

Si le critère de la répudiation est qu'elle dépend du seul vouloir du mari qui renvoie sa femme quand il veut et où il veut, sans scrupule ni préservation de ses droits, ce n'est pas le cas du *talâq.* Celui-ci est vu comme un état d'exception, qui va à l'encontre de la nature en brisant le lien de la famille. Il est cependant autorisé en tant que remède à une situation impossible, telle une ultime solution. L'islam exhorte les époux à

1. Larousse.

demeurer unis toute leur vie, mais il ne les contraint pas à le faire. Le Prophète a dit :

> Le plus haïssable des actes licites aux yeux de Dieu est le *talâq*.

Le *talâq* comporte en lui deux actes : une séparation religieuse suivie, en cas de conflit, d'une décision juridique. L'homme possède en général le droit de dissoudre religieusement le lien conjugal. Je dis « en général », car la femme peut exiger de son mari, lors de la conclusion du mariage, le droit religieux sur leur mariage, et c'est ce qu'on appelle le *tafwîd*.

Si l'homme prend cette grave décision de dissoudre religieusement son mariage, il est alors appelé, juridiquement, à assumer la responsabilité de son acte et à respecter les droits de la femme ; il lui est conseillé de le faire à l'amiable, sinon c'est la contrainte juridique qui s'exerce.

En effet, si les deux familles, celle de l'homme et celle de la femme, n'arrivent pas à réconcilier les époux ou ne s'entendent pas dans la détermination des droits de la femme, celle-ci en appelle au juge, seul apte à exiger du mari tous ses droits. Ces droits consistent en premier lieu dans la récupération de la totalité du douaire, quelle que soit sa valeur. Quant à la garde des enfants, elle est systématiquement attribuée à la mère, tout en obligeant le père à les prendre matériellement en charge jusqu'à leur majorité (21 ans, selon l'avis majoritaire dans le droit musulman).

Si le critère du divorce en France est que

l'épouse puisse elle aussi demander ou exiger la rupture du lien conjugal, le *talâq* musulman le conçoit et il est préconisé par l'ensemble des Écoles juridiques qui se basent toutes sur des textes, Coran et *Hadîth*. C'est ce qu'on appelle *al-khul'*. La femme à tout moment peut saisir la justice et réclamer la séparation d'avec son mari, en présentant des arguments convaincants. Chez les mâlikites, l'École dominante chez les Maghrébins, un seul témoin suffit pour que l'argument devienne une preuve. On prononcera alors la séparation, comme la femme le souhaite, et elle gardera ses droits, le douaire et tout avantage matériel qu'elle a acquis durant la vie commune. Les arguments persuasifs qui sauvegardent les droits de la femme sont l'impuissance sexuelle du mari, l'avarice, le mépris, la violence...

Laissons de côté la méticulosité du droit musulman, et consultons directement les textes qui fondent ce droit comme le *hadîth* suivant :

> La femme de Abd Yazîd qui accusait son mari d'impuissance sexuelle a dit au Prophète : « Sépare-moi de lui ». Le Prophète a ordonné à Abd Yazîd de divorcer [1].

Si la femme n'a pas d'arguments convaincants, elle obtient toujours ce qu'elle veut et quitte son mari. Mais alors, elle doit céder ses droits, le douaire ou tout objet de valeur offert par lui. C'est le cas évoqué dans un *hadîth* où la femme ne

1. Abû Dâwûd, « al-Talâq », ch. 10.

reproche rien à son mari, mais elle ne peut plus le supporter. Elle doit alors le dédommager en rendant le douaire :

> La femme de Thâbit Ibn Qays est venue voir le Prophète pour lui dire : « O envoyé de Dieu, je ne lui [son mari] reproche ni un manque d'intégrité ni un défaut de religiosité, mais je déteste la mécréance dans l'islam [c'est-à-dire elle déteste être hypocrite car elle n'aime pas son mari]. Le Prophète a répondu : « Tu lui rends son jardin [qui était le douaire] ? » Elle a dit « oui ». Et elle a divorcé [1].

Ce *hadîth* et bien d'autres sont une forme d'exégèse pratique du verset coranique suivant :

> Si vous craignez que tous deux [les époux] ne puissent respecter les limites de Dieu, on ne leur fera pas grief à ce que la femme obtienne sa liberté moyennant un dédommagement. (Verset 229 de la sourate 2.)

Exiger le *talâq* de son mari sous cette condition est un droit absolu pour la femme, au point que d'autres textes d'ordre moral sollicitent la sagesse de la femme pour qu'elle n'abuse pas de ce droit. Le Prophète dit ainsi :

> Toute femme qui demande le *talâq* à son mari sans qu'il n'y ait quelque mal ne sentira pas l'odeur du Paradis [2].

1. Al-Bukhârî, « al-Talâq », ch. 12; al-Nasâ'î, « al-Talâq », ch. 34.
2. Ibn Mâja, « al-Talâq », ch. 21.

Certes, le *talâq* n'est pas totalement semblable au divorce tel qu'il est conçu et pratiqué en France, mais il diffère de ce que les Français comprennent du mot « répudiation », où l'homme renvoie sa femme chez ses parents quand il se lasse d'elle. D'autres encore pensent à tort qu'en islam, l'homme oblige sa femme à rester chez lui contre son gré et à le subir maritalement.

Le fait que le *talâq* comporte les deux aspects – religieux et juridique – n'est pas incompatible avec le droit français. L'aspect religieux est un complément et n'a d'autorité que dans la mesure où le couple s'engage à l'observer par conviction et consentement mutuel. L'aspect juridique, quant à lui, est assuré par un contrat de mariage par-devant le maire, selon les lois en vigueur et la volonté exprimée des deux époux. C'est la coutume observée par les adeptes de toutes les religions en France.

Il est absurde de parler d'une incompatibilité de ce qui est déjà compatible, car le mariage entre musulmans en France n'est reconnu que s'il est effectué selon ce que stipule la loi française. Si le mariage est accompli selon le droit d'un pays étranger, le débat change de titre et devient du droit comparé.

Le mariage forcé de la jeune fille

Selon une idée toute faite, confortée par la pratique de certains musulmans, les Occidentaux pensent que le droit musulman ou le Coran donne le droit au père (ou au tuteur) de marier sa fille de force. Quoi qu'il puisse exister, le mariage forcé non seulement n'a pas le moindre fondement en islam, mais il est explicitement interdit et juridiquement nul. Les Écoles juridiques sont unanimes à ce sujet, même celles qui exigent un tuteur pour la femme lors de la conclusion du mariage. Elles se basent toutes sur des textes comme le *hadîth* suivant :

> La veuve a plus de droit de regard sur son propre mariage que son tuteur, et la vierge n'est mariée qu'avec son consentement [1].

Le hanafisme, la plus ancienne des Écoles, n'oblige pas la femme à avoir un tuteur ; elle réalise son mariage elle-même devant les témoins qui enregistrent son accord et ses *desiderata*. J'approuve, quant à moi, l'avis des hanafites, car la présence du tuteur masculin dans le but de défendre les intérêts de la femme relève de la culture arabe et non d'une législation religieuse éternelle et universelle.

1. Rapporté par les six traditionnistes.

Je cite aussi ce *hadîth* que je trouve particulièrement beau :

> Une jeune fille vint annoncer au Prophète que son père venait de la donner en mariage à son cousin contre son propre gré. Le Prophète déclara que le dernier mot lui revenait. Elle dit : « Maintenant j'accepte la décision de mon père ; j'ai seulement voulu apprendre aux femmes que leur père n'avait aucun droit de les marier malgré elles [1]. »

De même, il est strictement interdit au père ou aux tuteurs d'empêcher le mariage de la jeune fille ou de le retarder. Le Prophète a dit :

> Trois choses ne peuvent être retardées :
> — la prière quand le temps est venu,
> — l'enterrement,
> — et la fille qui a trouvé l'homme apte au mariage [2].

Le Prophète a dit également :

> Si quelqu'un se présente à vous et qu'il soit de foi et de bonne morale, mariez-le à votre fille. Si vous ne le faites pas, ce sera un désordre sur terre et une débauche énorme [3].

1. Abu Dâwûd, « al-Nikâh », ch. 24 et 25 ; Ibn Mâja, « al-Nikâh », ch. 12.
2. Al-Tirmidhî, « al-Salât », ch. 13 ; « al-Janâ'iz », ch. 73 ; Ibn Hanbal, t. 1, p. 105.
3. Al-Tirmidhî, « al-Nikâh », ch. 3 ; Ibn Mâja, « al-Nikâh », ch. 46.

J'ai cité ces *hadîth* uniquement pour montrer que le mariage forcé n'existe pas, même selon l'enseignement strictement traditionaliste, et qu'il est combattu par toutes les Écoles.

Si maintenant une partie des musulmans n'observent ni les droits fondamentaux des individus tels qu'ils sont conçus unanimement aujourd'hui, ni l'enseignement même traditionaliste de l'islam, cela relève d'un manque de conscience civique qui fait souffrir l'islam et les musulmans. Le réquisitoire hasardeux des Français contre l'islam, non contre une catégorie de musulmans, ne fait qu'aggraver la souffrance.

La prescription du voile pour la femme

Il est vrai que le Coran a prescrit le voile pour la femme d'une manière claire et sans équivoque :

> Dis [Dieu s'adresse au Prophète] à tes épouses, à tes filles, aux femmes des croyants, de ramener sur elles leur voile ; elles en seront plus vite reconnues et éviteront d'être offensées. (Verset 28 de la sourate 33.)

Mais ce sujet requiert plusieurs précisions.

La première précision est que le Coran ne fait preuve d'aucune originalité en prônant le port du voile. Il s'agit d'une pratique très connue, très répandue à cette époque à un tel point que je peux dire que toutes les religions et toutes les coutumes le recommandaient plus ou moins. La très ancienne Table A 40 des lois assyriennes, du souverain Taglatphalzar Ier (1115-1077 av. J.-C.) qui reprend sans doute une prescription antérieure, stipule :

> Les femmes mariées qui sortent dans la rue n'auront pas la tête découverte... La prostituée non sacrée ne sera pas voilée, sa tête sera découverte. Qui voit une prostituée voilée l'arrêtera et elle sera condamnée [1].

Le voile est prescrit et mentionné par toutes les religions dites révélées. Dans l'Ancien Testament, sa mention y figure.

> Puis elle [Rébecca] dit au serviteur : « Qui est cet homme qui marche dans la campagne à notre rencontre ? » Et le serviteur dit : « C'est mon maître. » Alors *elle prit un voile et s'en couvrit.* (Genèse 24, 65.)

Le Talmud confirme explicitement cette recommandation. Nous trouvons aussi cette prescription dans le Nouveau Testament notamment dans les écrits de saint Paul comme dans le verset suivant :

> Si la femme ne porte pas le voile qu'elle se fasse tondre. (Saint Paul, Ire Épître aux Corinthiens, ch. 11, versets 4-16.)

1. Odon Vallet, *Déesses ou servantes de Dieu ? Femmes et religion,* Gallimard, Collection Découvertes, Paris, 1994, p. 64.

Dès les premiers siècles du christianisme, Tertullien, théologien carthaginois (155-255), a consacré un ouvrage entier à la question du voile, intitulé *Virginibus velandis*, « Du voile des vierges ». L'auteur demande même aux jeunes filles de faire comme les femmes mariées, de porter le voile hors de chez elles [1].

La deuxième précision porte sur la signification du voile dans l'islam. Ce n'est pas un signe religieux, comme l'ont prétendu les commentateurs lors de cette affaire, pour pouvoir ainsi l'opposer à la laïcité de l'école.

L'islam, par nature, refuse tout signe.

Même le croissant qu'on trouve parfois sur les minarets ou les blasons est une introduction ottomane, reprise d'ailleurs de l'Empire byzantin. Aujourd'hui, le croissant devient un signe pratique pour faire allusion à l'islam et le différencier des autres religions. Ainsi par exemple, le croissant rouge est choisi pour distinguer son appartenance musulmane de la croix rouge, chrétienne, etc.

Quant au vêtement, il n'y a pas d'habit spécifique pour les religieux ni pour les religieuses, puisqu'il n'y a pas de religieux ni de religieuses au sens clérical du terme. Même pour les imams, il n'existe que des habits nationaux : la djellaba est marocaine, le burnous, algérien, la *kakûla*, égyptienne... Dans cette logique, l'imam français doit porter veste et pantalon, d'une manière aussi sobre qu'ordinaire.

---

1. Jean-Paul Guetny, *in Actualités religieuses dans le Monde*, 15 nov. 1994.

Le voile n'a donc ni mystère ni signification dogmatique ; il n'est qu'une pièce de vêtement profane recommandée pour des raisons de pudeur, essentiellement, de même que porter la jupe maxi ou les manches longues. C'est dans ce cadre de dignité et de pudeur que le Coran recommande le voile pour la femme, sans plus.

La troisième précision concerne la manière dont cette affaire a été traitée où, malgré les apparences, l'islam était le grand absent. Cette affaire se règle mieux à mon avis dans un débat islamo-islamique que par décrets ou circulaires qui sont, de plus, trop nuancés et flexibles, se prêtant à toutes les interprétations.

Ce sont les musulmans qui doivent dire aux musulmans qu'en islam la recommandation de s'abreuver de science et de connaissance est plus importante que celle de se voiler. Et si les deux recommandations s'opposent, comme dans le cas de l'école publique, à tort ou à raison, l'éducation prime, et de loin, sur le voile. C'est l'esprit même de l'islam. C'est la logique même qui fonde le droit musulman.

Ce sont les musulmans qui devraient expliquer à leurs coreligionnaires qu'il faut éviter de ridiculiser Dieu dans l'interprétation de Sa parole. Si le Coran a recommandé le voile, c'est dans le seul objectif de préserver la dignité et la personnalité de la femme selon le moyen disponible à l'époque de la Révélation. Si, aujourd'hui, le même moyen ne réalise plus le même objectif, il ne faut pas s'attarder sur ce moyen, mais le chercher ailleurs.

Paradoxalement, ce qui préserve aujourd'hui la personnalité et assure l'avenir de la jeune fille, c'est l'école. C'est en s'instruisant que la femme peut se défendre contre toute atteinte à sa féminité et à sa dignité. Aujourd'hui, le voile de la musulmane en France, c'est l'école laïque, gratuite et obligatoire.

L'excision

La pratique de l'excision ne concerne en rien l'islam, malgré la volonté des islamophobes qui veulent diaboliser cette religion et justifier ainsi son exclusion. En islam, mutiler même un animal est déjà un crime méritant anathème et châtiment de Dieu. Le Prophète a dit :

> Celui qui mutile un animal est maudit [1].

Sous ce titre de l'interdiction, l'enseignement du Prophète empêche les musulmans d'opérer la castration des animaux [2], quelle qu'en soit la raison. Cette opération est conçue comme une entrave à la nature que Dieu a créée. La mutilation d'un être humain non seulement provoque la colère de Dieu, et suscite l'indignation de ceux qui ont un mini-

---

1. Al-Bukhârî, « al-Dhabâ'h », ch. 25 ; Al-Nasâ'î, « al-Dahâyâ », ch. 13.
2. Abû Dâwûd, « al-Jihâd », ch. 110 ; Al-Tirmidhî, « al-Diyât », ch. 14 ; Ibn Mâja, « al-Dhabâ'ih », ch. 10.

mum d'humanité, mais requiert l'application de la loi du talion, selon certains juristes, et une indemnisation fixée par le juge, selon d'autres.

La circoncision opérée systématiquement sur tout garçon musulman n'a pas un sens dogmatique en islam, et surtout, n'est pas une condition pour reconnaître l'islamité du musulman, comme c'est le cas dans le judaïsme. La circoncision, vivement recommandée, est considérée en islam comme une coutume d'hygiène, de propreté, appelée d'ailleurs en arabe « coutume de la nature » ou « coutume abrahamique ».

Les populations du Maghreb et de toute l'Asie musulmane ignorent (ou ignoraient jusqu'à une date très récente) l'existence de l'excision, et n'ont même pas un mot dans leurs langues pour la nommer. Les musulmans ne l'ont connue qu'à travers la médiatisation de cette question, notamment en France. Ils ont été très surpris par l'attribution de cette pratique à l'islam, si présent, dans leur société.

Les spécialistes du droit musulman connaissaient l'excision sous le nom de *khafd* ou *khifâd,* qui signifie l'affaiblissement du plaisir sexuel. Cette question a été soulevée tardivement, et la réponse des juristes était marquée par un désintéressement, doublé d'un large rejet [1].

L'excision est une pratique ancestrale répandue dans l'est de l'Afrique par certaines populations

1. Même si certains essayent de mettre en relief un *hadîth* obscur, rapporté par le traditionniste Ahmed, et jugé unanimement apocryphe.

islamisées ou non, christianisées ou non. Il ne s'agit ni d'une recommandation de l'islam ni d'une pratique qu'il a adoptée.

L'excision ne concerne pas non plus la laïcité, et ne heurte pas le caractère laïque de l'État, mais la loi française. Elle relève directement du droit pénal, car elle ne découle pas d'une croyance religieuse mais d'une coutume. Il faut ajouter à cela que le droit doit protéger l'individu de tout ce qui porte atteinte à son intégrité physique, qu'il vienne d'une religion ou d'une coutume amalgamée à une religion.

CHAPITRE V

L'absence de représentation religieuse

L'absence d'un clergé ou d'une représentation des musulmans est l'argument le plus souvent avancé pour souligner la nature anormative de l'islam, ce qui expliquerait son insertion difficile dans le champ laïque. Guy Gauthier écrit :

> Face à l'islam, la pensée laïque française a été désemparée par cette religion sans clergé... un évêque, au moins, on sait où le trouver [1].

Notons que Guy Gauthier a pris la précaution de dire que c'est « la pensée laïque française » qui est désemparée, et non la laïcité même.

L'absence de clergé en islam devrait être perçue comme un double avantage, pour le musulman et

1. Guy Gauthier, *in Actualités religieuses dans le Monde,* mai 1993.

pour la société française. L'inexistence du clergé signifie pour le musulman que l'homme s'adresse à Dieu sans intermédiaire. Seul l'individu est responsable de son degré d'engagement et personne ne peut accaparer l'interprétation de la volonté de Dieu ou de Ses recommandations.

Cette position est en accord avec la conception française, qui privilégie le mécanisme d'une intégration individuelle et non une incorporation communautaire. Cela est également en accord avec ce que prévoit la laïcité en matière religieuse, puisque l'exercice cultuel individuel des musulmans se limite à la sphère privée. Quant aux pratiques collectives (prières du vendredi, célébration des fêtes religieuses 'Aïd...), elles peuvent être gérées par des associations locales, de type 1901 ou 1905.

C'est ce que les musulmans de France ont fait et font tous les jours. Ils se regroupent en associations, soit exclusivement cultuelles comme le prévoit la loi de 1905, soit, comme c'est le cas de la majorité, en associations ordinaires, selon la loi de 1901. Ce dernier choix n'est ni une entrave à la laïcité ni une innovation musulmane. Ce n'est pas une entrave à la laïcité pour deux raisons : la première est que la loi de 1901 permet aux associés d'afficher n'importe quel but et n'exclut pas l'exercice du culte. La deuxième raison est que les lois laïques elles-mêmes l'autorisent. En effet, l'article 4 de la loi du 2 janvier 1907 le prévoit :

> **Article 4 :** L'exercice public d'un culte peut être assuré tant au moyen d'associations régies par la loi du 1er janvier 1901...
> **Article 5 :** La jouissance gratuite [des édifices et des meubles des lieux de culte] pourra être accordée, soit à des associations cultuelles... soit à des associations formées en vertu des dispositions précitées de la loi du 1er janvier 1901.

L'exercice du culte peut donc être assuré par des associations de type 1901 à côté d'autres activités sociales ou culturelles. Ce n'est pas une innovation musulmane. Les protestants et les juifs usent largement de cette opportunité. La Fédération des Protestants de France est une association régie par cette loi et regroupe des associations des deux types, 1905 et 1901. De même, nombre d'associations juives y recourent, qu'elles soient libérales ou traditionalistes.

Les musulmans préfèrent les associations de type 1901, et ce n'est pas le fruit du hasard. Depuis 1981, on n'exige plus la francité du président, ce qui convient à la situation actuelle des musulmans de France. En effet, les personnes âgées et sages susceptibles de présider les associations cultuelles, appartiennent à la première génération d'immigrés, quasiment non française. De plus, à cause de l'inexistence des écoles libres pour les musulmans, l'association créée selon la loi de 1901 leur permet de mener des activités sociales et éducatives à côté de l'exercice du culte. À cela, s'ajoute que le statut de l'association type 1901 est plus adapté à l'octroi d'éventuelles subventions ou à l'obtention de la reconnaissance d'utilité publique.

Les lois et l'expérience spontanée des musulmans s'accordent pour montrer qu'il n'y a que cette voie pour l'organisation progressive de la communauté en tant qu'entité religieuse, c'est-à-dire la formation des associations locales qui se forment là où le besoin se fait sentir. Chacun est maître de sa propre conscience, et chaque groupe a le droit de s'associer comme il l'entend. Dans ce cas, la représentation de l'ensemble des musulmans n'est pas une nécessité majeure, sauf si ces diverses associations veulent se fédérer. Si elles le font, c'est une démarche aussi légitime que naturelle, mais une démarche qui doit émaner de leur propre volonté et de leur propre initiative.

Mais l'avantage théologique de l'absence de clergé en islam, et cette souplesse qui aurait dû convenir à la laïcité deviennent paradoxalement un inconvénient qui empêche l'islam de s'insérer dans le paysage laïque français. Il est plaisant de voir qu'au moment où la laïcité a tout fait pour renier l'existence juridique du clergé majoritaire, celui du catholicisme, et ne voulait reconnaître de cette religion que des associations à personnalité morale, locale et, selon le besoin, gérées par le droit commun, elle cherche un clergé dans une religion qui n'en possède pas ! On dirait que la laïcité qui meurt d'envie d'arracher les cheveux aux religions est très contrariée devant l'islam, chauve de nature.

Il ne s'agit bien sûr que d'une habitude protocolaire conjuguée à un besoin civique. La France a pris l'habitude de fonctionner avec des institutions hiérarchiques et des structures pyramidales, qu'elles soient civiles, militaires ou religieuses, dont les chefs sont des personnalités de haut rang. Évêque, grand rabbin et pasteur principal, chacun représente son Église dans les civilités protocolaires ; il serait anormal que l'islam, qui fait tant parler de lui, ne soit pas présent !

En vérité, les autorités publiques cherchent un interlocuteur représentatif, supposé influent, pour résoudre au mieux les problèmes que posent la présence de la communauté musulmane ainsi que son intégration, et son apprentissage de l'esprit républicain. Cette question quitte alors le champ de la laïcité pour relever du civisme et de la pédagogie.

Face à l'islam de France, l'État se voit par deux fois arrêté. Il est laïque ; il ne peut donc s'ingérer dans les affaires confessionnelles ou paraconfessionnelles d'un groupe de citoyens. En outre, le gouvernement ne détient ni l'habilitation ni la possibilité de traiter en détail et cas par cas les différents incidents d'ordre juridico-religieux, ou distinguer entre ce qui découle de la religion, des coutumes ancestrales ou d'un simple manque de civisme. L'interlocuteur présumé pourrait jouer la médiation et fournir les conseils et les témoignages voulus.

En effet, chez les musulmans, beaucoup de pratiques sont issues des coutumes ancestrales plutôt que de la religion en tant que message. N'oublions pas que la communauté musulmane est composée initialement et essentiellement de travailleurs immigrés et de harkis, souvent originaires de milieux ruraux, voire tribaux. Si la laïcité est la garantie juridique qui assure l'expression et le libre exercice religieux, elle ne donne pas pour autant l'autorisation d'importer des habitudes coutumières susceptibles de heurter la culture française. Cette question est d'une grande complexité pour les observateurs officiellement en charge de l'intégration.

La complexité vient, d'une part, de la diversité de ces coutumes relatives à la diversité des origines, et d'autre part, de la difficulté de connaître les frontières entre celles-ci, les interprétations de l'islam, et l'islam en tant que matière brute, neutre, vouée à l'universel.

Se hâter ou vouloir mettre en place coûte que coûte une représentation religieuse est une fausse piste, car l'État français ne trouve aucun interlocuteur légitime bénéficiant du consensus de tous. Bien au contraire, les multiples projets suscités par le gouvernement ou encouragés par lui n'ont joué aucun rôle bénéfique.

La communauté musulmane et le communautarisme

Le refus du communautarisme par la France ne signifie pas que les musulmans ne peuvent pas se considérer comme une communauté. Le communautarisme, combattu à juste titre, prévoit un voisinage étroit des communautés fermées, tels des ghettos qui se partagent la même cité. Or ceci n'est pas le cas de la communauté ouverte, fondée sur la seule affinité religieuse.

Ce qui peut rassurer les observateurs c'est que la communauté musulmane de France n'existe réellement que dans le sentiment d'appartenir à la même confession. On peut remarquer cependant que certaines rues ou certains quartiers des grandes villes connaissent une forte concentration de musulmans. Ce fait est pour moi une étape transitoire vers l'intégration sociale et économique, et non une tendance vers le repli sur soi. Dès qu'un jeune musulman réussit, il quitte du même coup sa classe sociale et l'endroit où il résidait. Jamais la réussite sociale ne va de pair avec la tendance à se refugier dans un ghetto, du moins chez les musulmans de France.

Si l'on trouvait dans la communauté musulmane des professeurs musulmans qui n'enseignent qu' à des élèves musulmans, des médecins musulmans qui ne reçoivent que leurs coreligionnaires et des clubs de sport s'affichant islamiques où n'adhèrent que des sportifs de la même confession, ce jour-là, nous pourrions dire que la communauté musulmane va vers le communautarisme.

Mais si, au contraire, le musulman devient lui-même un point de croisement entre plusieurs communautés (par exemple, sportif, il appartient à la communauté des sportifs, artiste, il adhère à la communauté des artistes, intellectuel, il fait partie de la sphère des intellectuels, et musulman, il se réclame de la communauté musulmane, au même titre que ses autres appartenances), ce jour-là, nous pouvons dire que le musulman de France a compris le sens profond de la citoyenneté à la française.

Cette citoyenneté, qui rejette tout enfermement, n'exclut aucunement le regroupement selon les affinités multiples, y compris l'affinité religieuse, à condition qu'aucune d'elles ne constitue la référence première de son identification. La seule référence première est la francité, après quoi toute autre appartenance est aussi concevable que légitime. Cette conception très française de la société et de la citoyenneté s'accorde aisément avec l'enseignement coranique, qui ne recommande le repli sur soi qu'en cas d'agression visant les musulmans du fait de leur religion. Le Coran dit :

> Dieu ne vous interdit pas d'être amis avec ceux qui ne vous ont pas combattus à cause de la religion et qui ne vous ont pas expulsés de vos maisons. Il ne vous interdit pas d'être charitables et justes avec eux. Dieu aime ceux qui sont justes. (Verset 8 de la sourate 60.)

Troisième Partie

LES OBSTACLES À UN ISLAM RÉPUBLICAIN

Chapitre Premier

La mauvaise volonté politique

Le gouvernement français est intervenu directement le 8 mai 1957, pour opérer le changement de direction de la Mosquée de Paris en utilisant son pouvoir discrétionnaire, en nommant Si Hamza Boubakeur à sa tête.

Cette nomination illustre bien comment le gouvernement français se comportait avec l'islam, et le statut plutôt d'exception qu'il lui accordait. En effet, ni la loi de séparation, ni celle sur les associations, ni le règlement intérieur de l'association des Habous (qui gère et possède la Mosquée) ne conféraient ce droit au gouvernement français.

Même après la décolonisation, même en métropole, l'habitude de traiter les musulmans selon leur appartenance religieuse persiste. L'appellation « Français musulman » réservée aux harkis, qui a figuré dans de nombreux discours et textes à caractère officiel, ainsi que la politique de les mettre dans des enclaves en attendant leur assimilation tant culturelle que religieuse, poussent ces musulmans à croire que la citoyenneté française se définit par des critères religieux, ce qui les éloigne de l'esprit laïque et de sa compréhension.

En septembre 1989, le ministre de l'Intérieur, Pierre Joxe, a pris l'initiative d'entreprendre une représentation de l'islam, en constituant le Conseil de réflexion sur l'islam en France (CORIF), et en y invitant des personnalités musulmanes choisies selon des critères qui demeurent inconnus... C'était un Conseil mi-consultatif mi-représentatif, mais au départ, sa mission n'était ni représentative, ni consultative. Les membres devaient seulement se réunir pour mener une réflexion sur l'islam en France.

Ce fut le groupe des « sages », comprenant six responsables de mosquées, invités d'une manière informelle par des lettres personnelles de la part du ministre – pour ne pas engager le gouvernement ou ne pas contrevenir ouvertement au principe de la laïcité [1]. Les six membres de ce Conseil étaient : Khalil Merroune, mécanicien d'origine marocaine, responsable de la mosquée d'Évry ; Mohammed Alili, restaurateur d'origine algérienne, responsable d'une mosquée à Marseille située à la Porte d'Aix ; Amar Lasfar, étudiant d'origine marocaine, responsable de la mosquée de Lille-Sud ; le Professeur Lahnache, spécialiste de médecine nucléaire,

1. Interview de Pierre Joxe, *Le Monde* du 17 mars 1990.

un des responsables de la mosquée de Lyon alors en projet; Hocine Chabaga, ancien colonel de l'armée française, adjoint au maire de Villeurbanne; et le Dr Tedjini Haddam, Algérien, recteur de la Mosquée de Paris.

Pierre Joxe n'était pas tout à fait à l'aise dans cette initiative qui s'apparente à un outrepassement du principe de la séparation; il s'est senti obligé de donner des justifications théologiques et politiques. Dans un document de travail [1] établi par Michel Brisacier, adjoint au chef du Bureau Central des Cultes, il est précisé :

> Après avoir consulté des orientalistes, visité l'Université al-Azhar au Caire, conversé avec le Cheikh Abbas, recteur algérien de la Grande Mosquée de Paris, il [Pierre Joxe] entreprit un effort d'organisation de l'islam...

Le groupe des « sages » élargi à quinze membres par cooptation, et après acceptation du ministre, fut appelé Conseil de Réflexion sur l'Islam en France (CORIF [2]) avec un statut renforcé d'un organe consultatif sans aucun pouvoir de décision, *en tout cas, pas aux yeux de l'administration* [3]. Réuni pour la première fois le 19 mars 1990, il rassemblait des personnes venant de toutes les régions de France, choisies parfois en fonction du nombre supposé de leurs adeptes, sans tenir

1. Document en ma possession.
2. On a maintenu le « O » du « Conseil » pour éviter la confusion avec le sigle CRIF, l'organisme juif bien connu.
3. Pierre Joxe, *Le Monde* du 17 mars 1990.

compte de leur réelle compétence en matière d'islam.

Pierre Joxe était de bonne foi, mais mal conseillé. De plus, il n'était ni assez neutre pour ne pas intervenir, ni suffisamment engagé pour mettre de l'ordre une fois pour toutes. Et nous pouvons, aujourd'hui, analyser le résultat de son initiative.

Quels étaient les objectifs de ce Conseil ? Si c'est la représentativité des musulmans que visait le gouvernement, il commettait une erreur. Et même montrait sa méconnaissance réelle de la religion musulmane et de sa pratique ; les musulmans ne pouvaient reconnaître une représentativité par le simple fait qu'elle est officiellement nommée. La seule représentation qui peut être acceptée par les musulmans, c'est celle des docteurs de la foi, les Ulémas. Leur compétence en matière d'islam oblige religieusement la communauté croyante à prendre en compte leurs avis, comme le dicte le Coran :

> Et interrogez les gens du Rappel, si vous ne savez pas. (Verset 43 de la sourate 16 et verset 7 de la sourate 21.)
>
> Et s'ils renvoient la question à Dieu et à l'Envoyé et à ceux qui détiennent l'affaire, ceux qui peuvent déduire sauront la résoudre. (Verset 83 de la sourate 4.)

À travers l'histoire de l'islam, il en a toujours été ainsi. Les Universités islamiques, telles que al-Azhar en Égypte, al-Zaytûna en Tunisie et al-

Qarawiyyin au Maroc, ont joué un rôle comparable, en quelque sorte, à celui du clergé catholique en matière de définition du dogme ou en matière d'adaptation.

Si, par ailleurs, Pierre Joxe a mis en place le Corif pour être entouré de conseillers en matière d'islam, dans ce cas, la laïcité est sauve. Mais, à mon avis, beaucoup de ces conseillers connaissaient mal l'islam, n'étant ni théologiens ni islamologues, mais attachés à un islam à traditions ancestrales. Ils ne pouvaient pas mener un travail de réflexion théologique pour dégager ce qui est universel dans l'islam et l'adapter aux exigences de la société française. Ils ne faisaient que refléter l'islam tel qu'il est vécu, y compris ses versions archaïques, y compris son éclatement... Certains membres du Corif avaient en effet une vision de l'islam très réduite, voire extrémiste. D'autres, comme Azzedine Guellouz, Soumia, Chabaga ou Lahnache, s'ils n'étaient pas des Ulémas, étaient des hommes cultivés ou des sages, dans le sens originel du terme. Les rassembler tous créait un facteur d'hétérogénéité.

Un des sujets de préoccupation du Corif était la nourriture *halâl* des soldats musulmans incorporés dans l'armée française, qui recrute environ 20 000 jeunes Français d'origine musulmane par an [1]. Le *halâl,* dans la France d'aujourd'hui, est une obligation sans fondement et une légitimation de pra-

---

1. Rapport : *Armées et populations à problèmes d'intégration. Le cas des jeunes Français d'origine maghrébine*, avril 1990.

tiques dont le Coran a autorisé le rejet. Certains conseillers ont même demandé d'éliminer les fruits de mer de la nourriture des soldats musulmans, ce qui n'a point de lien avec l'islam, et à ma connaissance, n'existe dans aucune coutume musulmane [1] !

Il faut savoir que les armées des pays musulmans suspendent le jeûne du Ramadan et écartent l'observance du *halâl*, au nom de la *darûra*, nécessité, et de la souplesse dont se réclame la pratique musulmane. Il est curieux de constater que la France, pays moderne et laïque, légitime des visions radicales en islam, au moment où elles sont combattues dans les pays musulmans ! L'obstination des autorités françaises, à propos de la représentativité, les amène à commettre des contresens comme l'exprime bien Ali, un jeune universitaire de 24 ans qui s'étonne devant l'attitude de certaines autorités locales :

> La mairie communiste préfère donner des locaux et des subventions aux associations intégristes plutôt qu'à celles qui défendent la laïcité et l'intégration, sous prétexte que les premiers sont plus représentatifs [2].

---

1. Cette information nous a été rapportée par le Dr Guellouz, membre du Corif. Nous pouvons comparer cet esprit qui anime le Corif et celui de Cheikh Abbas qui a déclaré auparavant : « L'islam doit épouser l'époque moderne et entrer dans son siècle par l'intelligence de ses hommes... L'alimentation n'est pas la question principale. Les interdits dans ce domaine sont connus : la consommation du porc et de l'alcool. Tout le reste n'est pas important. » (Propos reproduits dans *Hommes et Migrations*, avril 1987.)

2. Dossier, *Le Point*, 28 août 1993.

L'homme clé de ce projet, Raoul Weexsteen, Conseiller technique au Cabinet du ministre de l'Intérieur, chargé de suivre de près le Corif, dévoile un objectif pour le moins étrange :

> Que des intellectuels de culture musulmane agnostiques se manifestent à l'occasion de la création du Corif pour se distinguer d'une prise de conscience religieuse musulmane en France, cela est également tout à fait intéressant. C'est la banalisation de la religion musulmane en France qui contribue à les convaincre de se déclarer incroyants et soucieux de vivre librement et publiquement [1].

Non seulement l'entreprise du Corif n'était pas efficace, mais elle était malsaine. La laïcité en ce cas est doublement trahie, c'est une ingérence institutionnelle conjuguée à une manipulation confessionnelle.

Avec l'arrivée de la droite, en 1993, les choses ne semblent pas vouloir changer. Au moment où la question de l'islam en France s'aggrave davantage, André Damien, chargé des cultes au cabinet de Charles Pasqua, déclare, dès sa nomination, son intention de « brosser une nouvelle organisation de la religion musulmane dans l'hexagone » [2], et cela malgré l'existence du Corif. Mais comme celui-ci était l'entreprise d'un gouvernement

1. Raoul Weexsteen, « Approche culturelle de l'Islam par l'État français », *in Islam et Politique*, Ed. de l'Espace Européen, février 1992, p. 105.
2. *Libération*, 21 juin 1993.

socialiste, il fallait l'abattre et mettre en place autre chose. L'organisation de l'islam relève donc non seulement du gouvernement mais des programmes des partis politiques!

En tant que représentant du gouvernement, il n'appartenait pas à M. André Damien d'« organiser » l'islam, surtout si l'on connaît quelle était sa conception avant même d'entamer son action. Il annonce ainsi à François Devinat, journaliste à *Libération* :

> Le garage ou l'ancien cinéma suffit largement aux besoins quand certains voudraient avoir davantage pignon sur rue.

Outre que ce n'est pas digne de condamner les musulmans à prier dans des garages, l'exiguïté de ces endroits et le grand nombre de fidèles obligent les orants à prier sur les trottoirs, ce qui porte atteinte à la noblesse de la pratique religieuse et à son acceptation par la société. Ce phénomène est connu de tous, mais André Damien indique dans la même interview que la faute en revient aux musulmans :

> À Marseille, certaines rues ont pris parfois l'allure de véritables mosquées. Il faut que les musulmans s'orientent vers une meilleure organisation des prières dans les lieux de culte qui leur sont disponibles.

L'islam, religion des étrangers

André Damien, conscient de sa position peu tolérante et peu républicaine, la justifie en se référant au dire de Louis Massignon [1] :

> Mon bon maître Massignon... disait que cette religion ne pouvait avoir de lieux de culte en terre « infidèle ». Seule la prière du cœur était possible.

Non seulement l'avis présumé de Louis Massignon n'a pas force de loi, mais il n'a aucun fondement dans le droit musulman, ni la moindre trace dans la tradition. Cette attitude révèle un grand dédain à l'égard des musulmans, condamnés à vie à être des étrangers, même de nationalité française, même de souche française.

Nous sommes devant un dangereux dilemme. On met des obstacles à la francisation de l'islam, puis on l'accuse de ne pas être français...

M. André Damien est convaincu que l'islam est la religion des étrangers, car il se réfère, avant de traiter cette religion, aux recommandations de la Commission « Justice et Paix » du Vatican. Celle-ci préconise, semble-t-il, l'établissement de quotas d'entrée pour les étrangers afin d'éviter

1. Célèbre orientaliste (1883-1962) connu pour ses écrits sur le soufisme, notamment sur al-Hallaj.

une forte concentration de personnes d'une autre culture perçue comme menaçant l'identité et les coutumes de la communauté locale ; il dit :

> Je veux aussi citer la Commission justice et paix du Vatican. Si l'on a le devoir d'accueillir l'étranger, dit cette commission, on doit aussi établir des quotas d'entrée en veillant à ce que ne se créent pas des situations de déséquilibre... surtout quand une trop forte concentration de personnes d'une autre culture est perçue comme menaçant l'identité et les coutumes de la communauté locale d'accueil. C'est le critère principal, à mon avis, pour la création de mosquées [1].

En identifiant l'islam à une religion réservée aux étrangers, et en se comportant comme le défenseur du culte autochtone et majoritaire, le responsable politique non seulement trahit la neutralité, mais travestit la vérité. Car selon les estimations les plus modestes, il y a plus de deux millions de musulmans de nationalité française, c'est-à-dire beaucoup plus que les protestants et les juifs de France réunis.

Cette contre-vérité de considérer les projets de l'organisation de l'islam en France comme un problème d'immigration, frôle parfois la xénophobie et la discrimination. Jean-Claude Gaudin, maire de Marseille, alors ministre de l'Intégration, répond à la question d'une éventuelle aide munici-

1. *Ibid.*

pale à la construction de la mosquée de Marseille :

> Le peu d'argent qu'on a, nous le consacrons, bien évidemment, à l'investissement qui intéresse le plus grand nombre des Marseillais, et pas une partie seulement des Marseillais, fussent-ils des gens d'origine étrangère, ou certains devenus français [1].

Il a dit cette phrase au moment où il était ministre de la République, chargé d'une meilleure intégration des musulmans !

Si l'homme politique veut vraiment intervenir dans les affaires confessionnelles des musulmans, il peut le faire, pour apaiser la xénophobie et rassurer les non-musulmans, pour inviter et encourager les musulmans à une plus grande volonté d'intégration et d'adhésion à l'esprit républicain. Les musulmans, en voulant construire des mosquées, ne cherchent ni à être surreprésentés, ni à provoquer les Français. Ils veulent seulement avoir les institutions nécessaires et d'une manière proportionnelle à leur nombre, dans le strict respect des lois. C'est en soi une preuve manifeste de leur volonté de s'intégrer. L'intégration en France n'est pas seulement le respect des lois, c'est aussi la jouissance souveraine de sa citoyenneté.

---

1. Interview recueillie par Zinedine Boudaoud, *France 3 nationale,* à l'occasion de l'Aïd el Fitr, février 1996, reportage sur le projet de la mosquée de Marseille.

Chapitre II

L'islamophobie

Le problème de l'islam en France ne réside pas dans son incompatibilité avec la laïcité. Mais il est issu d'un sentiment de rejet quasi unanime, implicite dans les discours, et assez catégorique dans l'imaginaire collectif des Français.

Guy Gauthier remarque :

> En stricte logique, le minaret pourrait s'élever au-dessus de nos quartiers à population musulmane majoritaire.

Qu'attend-on alors pour être en conformité avec cette « stricte logique » ? Guy Gauthier répond qu'« on » n'est pas tout à fait d'accord.

> Le minaret n'est pas seulement interprété comme un emblème religieux, on y voit confusément l'avant-poste d'une civilisation loin-

> taine et, pour dire les choses brutalement, barbare [1].

Qui est ce « on », et quelle est sa légitimité ou son autorité ? Personne ne répond explicitement à cette question, mais chacun laisse entendre qu'il s'agit de « l'opinion publique ». Et là, tout le monde capitule.

À l'ombre de la démocratie en France, il existe un phénomène qu'on appelle l'opinion publique, propre d'ailleurs à toutes les démocraties. Devant l'exigence présumée de cette opinion, tout a l'air de se partialiser, y compris les grands principes qui fondent la République.

Pourtant, la laïcité ne peut être considérée comme un simple choix soumis au vote démocratique, où tout se forge selon le souhait de la majorité. La laïcité doit précéder et transcender la démocratie. Avant la réalisation du souhait majoritaire, la laïcité est le principe qui garantit d'abord un minimum de droits et de libertés aux individus et aux minorités, afin de les prémunir contre le vent même majoritaire.

La liberté religieuse, ainsi que tous les droits individuels, font partie de la zone qu'on ne peut atteindre par un quelconque suffrage. Cet espace est l'âme de la nation, où toute mise en cause est la mise en cause de la nation même.

---

1. Guy Gauthier, *Actualités religieuses dans le Monde*, *op. cit.*

La non-application des lois laïques et le non-respect de la liberté religieuse, lorsqu'il s'agit de l'islam, sont liés aux résistances des autorités municipales, et au silence complice des autorités nationales. Ces résistances n'émanent pas de la philosophie propre des élus. Ceux-ci, politiciens, ménagent une partie de l'opinion publique des localités qu'ils représentent. Ou bien, ils veulent jouer sur le registre de la peur de l'islam. Ils se présentent comme les protecteurs providentiels d'une population fragilisée, face à une menace qui pourrait porter atteinte à son identité et à sa sécurité.

Selon un sondage publié dans *Le Monde* du 2 mai 1991, effectué en novembre 1989, 38 % des Français sont hostiles à la construction de mosquées. Même si ce n'est pas la majorité, comment ne pas tenir compte de 38 %, quand on est élu local ? Car ceux qui ne sont pas hostiles ne sont pas forcément favorables, ou soucieux de ce que l'islam ait sa place en France. Il faut savoir que souvent, quand un maire reçoit une demande d'ouverture d'un lieu de culte musulman, celui-ci réunit en catastrophe le Conseil municipal pour lui annoncer la mauvaise nouvelle, et voir comment y faire obstacle. Rien n'est plus facile que de mener une exégèse des lois dans un sens très étroit, ou d'élargir les sens d'une réglementation concernant l'urbanisme, la sécurité ou l'hygiène... Cette désolante réalité est dénoncée pourtant par de nombreux observateurs comme Jean Gaeremynck :

> La complexité de notre droit est utilisée à dessein pour faire obstacle à des demandes

> légitimes : Il n'est pas rare que des pouvoirs locaux fassent jouer la réglementation de l'urbanisme pour retarder, voire empêcher la construction d'une mosquée [1].

Ou, comme l'écrit d'une manière plus explicite Jean Boussinesq :

> Beaucoup plus contestables sont les entraves que mettent certaines communes à l'édification des mosquées. Certes, les responsables de ces communes prennent soin de se référer à des textes tels que le plan d'occupation des sols, etc., mais leur obstruction est certainement contraire à l'esprit de la loi de 1905 [2].

Les musulmans peuvent comprendre qu'au moment où ils sont invités à montrer qu'ils adhèrent au principe de laïcité, l'administration ne leur donne pas l'exemple. Paradoxalement, ce sont eux qui peuvent inviter les élus locaux à plus de laïcité.

Malheureusement, nous ne sommes pas face à une compétition pour savoir qui est plus laïque que l'autre; c'est le contraire qui risque de se produire. Le refus systématique de l'islam est susceptible de pousser les musulmans vers une radicalisation et un enfermement qui finissent par justifier l'attitude des élus ou de l'opinion publique... C'est une escalade qui compromet le vivre-ensemble.

---

1. Jean Gaeremynck, *op. cit.*
2. Jean Boussinesq, *op. cit.*, p. 54.

On se souvient que le 29 avril 1991, le maire communiste de Libercourt (Pas-de-Calais) a organisé dans sa commune un référendum à propos de la demande des musulmans d'agrandir leur mosquée, trop étroite. Non seulement cette étrange initiative n'avait aucune légitimité juridique, mais elle bafouait les principes les plus élémentaires stipulés par toutes les conventions en matière de droit. En France, peut-on soumettre la conviction religieuse d'une minorité à une majorité qui ne la partage pas ? Ce référendum anticonstitutionnel a eu le mérite de montrer aux musulmans et à tous les hommes loyaux qu'il faut s'accrocher plus que jamais aux lois laïques, car 83,45 % de personnes interrogées ont répondu par la négative à l'agrandissement de la mosquée. La participation n'a pas dépassé 55,45 % des électeurs inscrits [1], et l'on comprend par évidence que les abstentionnistes sont indifférents, sinon, ils seraient pour la liberté religieuse.

Les musulmans de France ne doivent pas se borner à revendiquer des droits au nom de ce qu'affiche la République en matière de liberté, sans prendre en compte l'hostilité de l'opinion publique, et sans essayer de comprendre pourquoi elle est hostile. Il est évident que cette prise en compte de la position de l'opinion publique n'est pas une négociation sur la légitimité des revendications. Les musulmans, dans leur démarche, ne

1. *Le Monde* du 30 avril 1991.

doivent pas tout de même grossir les rangs de l'extrême droite ni provoquer un rejet général. Certes, on dira que la France n'est pas à la hauteur de ses principes, mais personne n'en sortira gagnant.

Les Français sont-ils racistes ?

En France, il existe des mouvements et des associations qui prennent la défense des exclus en brandissant des slogans « antiracistes ». Il existe également de nombreux musulmans qui expliquent l'hostilité de l'opinion à leur égard en termes de racisme. Je ne partage pas leur position.

Les Français ne sont pas racistes, ou plus exactement la quasi-totalité des Français n'adhère pas à un racisme reposant sur de prétendus critères scientifiques.

Le rejet de l'islam ne découle nullement d'une attitude qui considère l'homme musulman comme inférieur ou méprisable. Simplement, il y a une crainte justifiée de l'islam. C'est une religion méconnue et au nom de laquelle des barbares commettent les crimes les plus atroces. Et l'Algérie n'est pas un pays lointain... Même en France, des meurtres ont été perpétrés au nom de l'islam. Comment ne pas douter alors d'une possible convivialité pacifique et fraternelle ? Mais, au moment où l'opinion française considère en partie ces crimes comme le résultat d'un surplus d'islam, je pense profondément que cette barbarie insensée découle d'un manque d'islam et d'un éloignement de son esprit.

La crainte de l'islam est beaucoup plus complexe. L'amalgame entre islam et barbarie peut être délibéré pour fournir des prétextes qui cachent les véritables motivations d'ordre économique, sécuritaire et identitaire.

« Chercher l'étranger » est un vieux réflexe français au moment des crises ; l'étranger, responsable de tous les maux dont on ne connaît pas le remède ; l'étranger, source de toutes les peurs non élucidées.

La peur de la concurrence économique ou d'une invasion vue comme sournoise et presque programmée, s'accentue lorsque les étrangers sont trop nombreux et ont des habitudes culturelles différentes.

Plus que le juif d'hier, le candidat tout désigné pour ce mauvais rôle est aujourd'hui « l'Arabe ». Cet Arabe que l'on croise dans la rue rappelle à certains un passé brûlant, ou évoque pour d'autres la potentialité d'un avenir conflictuel. Peu importe si cet Arabe est de nationalité française ou non ; l'imaginaire, d'une paresse exemplaire, se contente de classer les gens selon leur aspect extérieur.

Parmi les Arabes, les Algériens sont les plus exposés, à cause d'une guerre dont les motifs et les faits demeurent tabous, et à cause de leur nombre très élevé qui les rend plus visibles. Le retour inopiné et plutôt brutal de l'islam sur la scène internationale aggrave le cas de ces Arabes, et fournit un excellent prétexte qui soulage la conscience des xénophobes et justifie leur xénophobie.

L'exagération alarmiste de certains journalistes n'arrange pas les choses et crée un état de psychose, non seulement chez les non-musulmans, mais surtout chez les musulmans. Dès que j'apprends qu'un attentat a été commis quelque part dans le monde, je retiens mon souffle en priant Dieu que l'auteur ne soit pas musulman.

Souvent, le discours des journalistes et les multiples analyses émanant de « spécialistes » ne font pas de distinctions entre l'islam, le fanatisme religieux, le manque de civisme, le traditionalisme figé, l'activisme politico-religieux, le néo-fondamentalisme. Ils ont un seul mot dans la bouche pour traiter tout ce qui bouge : l'intégrisme.

À la *fatwâ* de Khomeyni condamnant Salman Rushdi, l'association « La voix de l'Islam », sous l'impulsion de son président Gabtini, un homme mystérieux et marginal, a rassemblé des jeunes qui ont manifesté dans les rues de Paris contre l'auteur des *Versets sataniques*. Cette prise de position ne traduit aucunement l'opinion de la majorité musulmane en France qui ne voulait pas s'enliser dans cet enjeu politique, malgré son hostilité à ce livre. La presse a présenté cette manifestation comme la position des musulmans de France, implicitement : l'ensemble des musulmans.

Récemment, durant les dispositifs sécuritaires de Vigi-pirate, toutes les écoles publiques ou privées, les églises, les synagogues, étaient étroitement protégées, mais ni les mosquées ni les lieux propres aux musulmans n'ont bénéficié d'une telle protection. C'était en soi une désignation de la complicité musulmane, ou du moins de la famille des tueurs et des poseurs de bombes. Pourtant, ces criminels ont frappé aveuglément la population française sans s'interroger sur son appartenance confessionnelle. Bien des musulmans figuraient parmi leurs victimes, et l'imam Sahraoui a été le premier assassiné dans sa propre mosquée dans le 18ᵉ à Paris.

Cette désignation sournoise de la communauté musulmane accroît la confusion des Français ; et dans la confusion, on a une tendance naturelle à se méfier de tous pour se protéger.

Le plus curieux est que certains musulmans, par réaction, se comportent comme pour conforter ces accusations ; parfois même, ils ont le don de confirmer les préjugés à leur endroit !

J'insiste, tout cela n'est pas du racisme. Car si on parle trop de racisme, on crée une atmosphère qui le favorise à l'aide d'accusations jetées au hasard.

Je suis insensible quand j'entends un propos indélicat contre les Arabes de la part d'un Français, buveur de pastis et joueur de Loto, car je sais qu'au même moment un Arabe analphabète, chiqueur de tabac, est en train de dire des énormités sur les Français. Ce n'est pas du racisme, c'est de l'ignorance et un manque d'éducation.

La méconnaissance de l'islam

Malgré la proximité géographique des pays musulmans et l'interférence culturelle à travers l'Histoire, les Occidentaux ignorent la nature de l'islam. La Chrétienté, durant des siècles, a été sur ses gardes face au « Mahométanisme » conquérant et étranger à sa conception latino-chrétienne. Pendant la période coloniale il y avait plus tendance à comprendre l'islam d'après les comportements des musulmans. C'est comme si tout musulman était islamologue, et tout Égyptien, égyptologue.

Aujourd'hui, l'ignorance de l'islam n'est plus justifiée. Il existe en France des spécialistes éminents, compétents en matière d'islam, les orientalistes qui apprécient la subtilité et le génie de sa civilisation, mais ils ne forment qu'une classe de lettrés, essentiellement préoccupés d'analyser et de commenter les textes d'antan. Leur rayonnement ne dépasse guère le milieu universitaire, laissant le monopole de l'information sur l'islam à des politologues, à des anthropologues et à des journalistes « spécialistes » du dossier...

Malheureusement, ceux-ci présentent des jugements aussi manichéens que contradictoires, ce qui laisse le Français encore plus désemparé.

Les « spécialistes » s'accordent tous sur le fait que l'islam est une des grandes religions que connaît l'humanité, qu'il est fort de plus d'un milliard d'adeptes et qu'il a engendré une civilisation prestigieuse dont l'influence s'exerce sur l'homme jusqu'à nos jours. Mais dès qu'ils avancent dans leurs explications, ils se divisent et se contredisent...

Au moment où les uns présentent l'islam comme une religion simpliste qui ne séduit que les masses les plus déshéritées économiquement, les plus limitées intellectuellement, les autres affirment qu'elle intéresse et fascine les penseurs et les philosophes, et fait l'objet de leurs réflexions et analyses les plus étayées !

Ces « spécialistes » expliquent que cette religion prêche la soumission et l'accusent de prôner le fatalisme.. Mais ils reviennent sur leurs propos lorsqu'ils voient que les musulmans font preuve d'insoumission et de rébellion, comme on peut le constater aujourd'hui dans certaines régions !

Certains de ces « spécialistes » affirment que l'islam se fonde avant tout sur la foi intime et l'engagement personnel, refusant tout clerc ; d'autres le ressentent comme une loi rigoureuse, et une pression sociale étouffante.

Le comble est que les musulmans de France eux-mêmes, dans leur quasi-totalité, ont une compréhension limitée de leur religion, par manque d'accès à l'éducation religieuse ! De plus, ils souffrent de difficultés quotidiennes : le manque de moyens, le sentiment d'inégalité sociale, l'amalgame entre les coutumes et la pratique de l'islam, la fierté d'un passé glorieux, doublée de l'incapacité présente de le faire revivre. Tout cela engendre chez eux un complexe fait de contradictions entre leur refus d'être les élèves d'un Occident dont ils rejettent les valeurs « impies », et l'attachement à son mode de vie séduisant et prometteur..

CHAPITRE III

L'anachronisme de la théologie musulmane

La foi occupe une place importante dans l'identité des musulmans. Mais la foi se traduit chez la plupart d'entre eux par l'observance de l'enseignement religieux. Celui-ci a été élaboré et formulé entre le VIIIe et le XIIe siècle, et n'a connu depuis ni réforme, ni mise à jour. L'expression identitaire des musulmans se trouve alors gravement décalée par rapport aux besoins réels et aux véritables attentes de notre époque.

La foi qui anime les musulmans les met face à un vrai dilemme. La pratique *intégrale* de l'islam ne peut se faire sans marginalisation, et la négligence de cette pratique donne un fort sentiment de culpabilité.

Le simplisme des musulmans modérés

Cependant, il y a une modernisation qui n'est pas l'aboutissement d'une évolution sociale propre à ces pays, mais importée de l'Occident pour rattraper un énorme retard civilisationnel.

Dans les années soixante, la plupart des pays musulmans ont opté pour la modernité politique. Ils sont devenus en général des républiques ou des monarchies constitutionnelles. Mais ces choix sont restés de pure théorie. Aucune réforme n'a été engagée pour que la théologie musulmane épouse ce tournant historique, et le peuple vit dans un décalage dangereux entre son statut de citoyen et sa qualité de croyant.

Aujourd'hui et malgré le retour fulgurant et exigeant de l'islam, la majorité des musulmans vivent leur religion dans la modération. Mais cela ne va pas sans malaise. Car cette modération n'est pas le produit d'un travail cohérent et convaincant ; elle est dictée par l'instinct, par le bon sens, ou simplement par pragmatisme et besoin de sociabilité.

Les intellectuels se réclamant de la confession musulmane répètent sans cesse que l'islam est fraternité, paix et tolérance. Ils ont certainement raison, mais ils n'ont aucun soutien théologique qui permette d'appuyer la plupart de leurs affirmations.

Les modérés veulent à la fois relever et embellir

l'image de leur religion, et établir les meilleures relations avec le monde. Ce qu'ils disent de l'islam, souvent avec une sincérité spontanée, n'est pas le résultat d'un travail théologique laborieux, ou déductions textuelles logiques, mais des affirmations ne traduisant en vérité qu'un souhait.

Seule la version archaïque du droit musulman demeure sur le terrain accessible à tous, cohérente avec elle-même et offrant une vision globale des choses. Cependant, son application dans le domaine relationnel relève de la folie.

La relecture de l'islam

La foi n'est pas la théologie. Si la foi est un mystère qui transcende l'intelligence de l'homme, la théologie, ce « discours sur Dieu », est une tentative, un essai provisoire d'élucider la foi par l'intelligence. Cette distinction entre foi et théologie doit être présente dans l'esprit des exégètes de tous les siècles et de toutes les religions, afin de ne pas stagner dans une théologie issue d'un moment historique donné, et d'assurer l'universalité d'une foi vivante.

C'est cette distinction qui fait défaut aujourd'hui dans les études islamiques.

Pourtant l'islam est une religion qui dès sa naissance a été vouée à l'Universel et s'est proposée à toute l'humanité sans référence ni considération d'appartenance ethnique, raciale ou civilisationnelle. De plus, l'histoire de l'islam a démontré sa capacité d'être une religion mariable, conjugable et adaptable à n'importe quelle culture, et à tout environnement humain. Véritable polygame, l'islam s'est marié effectivement avec la culture arabe, persane, turque et indienne ; aujourd'hui il demande la main à la française...

Le secret de cette souplesse réside dans l'absence de clergé accaparant l'interprétation des textes ou monopolisant leur compréhension. Ces opérations sont laissées à la libre appréciation et au seul engagement de chacun.

À défaut de clergé, la seule autorité en islam est le Coran, c'est-à-dire un texte. Mais qui dit texte dit un sujet, par définition, interprétable. Or le seul outil que possède l'homme pour interpréter un texte est son intelligence. Celle-ci, inévitablement, se nourrit et se développe dans un espace culturel précis. Si je vis en Occident, je vais lire l'islam de manière à ne pas me marginaliser en Occident. Si je vis en Orient, je lirai certainement le texte sacré à travers les problèmes et les attentes d'un Oriental.

Ainsi, chaque génération, chaque groupe habitant une région, lit le Coran avec ses propres soucis et ses aspirations. C'est la brèche où le temporel, avec son caractère changeant, intervient dans l'intemporel, intangible et éternel. Cette brèche n'est pas le fruit du hasard ou d'une manœuvre qui vise à forger ou à forcer le texte. Bien des versets coraniques incitent le musulman à renouveler sa compréhension, et surtout à ne pas se contenter des résultats obtenus par les ancêtres.

Cette perpétuelle interprétation du texte sacré ne se fait pas sans balisage afin de ne pas dire toute chose et son contraire dans la même exégèse. La question est : quelles sont les limites de cette interprétation et jusqu'à quel point peut-on s'éloigner du sens premier ou littéral du texte ?

La seule chose qui balise la démarche de l'exégète est le « ma'rûf ». Le « ma'rûf » est un terme coranique qui signifie : « le connu et le reconnu comme bien ». Mais connu et reconnu par qui ? Le « ma'rûf » est une reconnaissance du bien partagée par l'intelligence dominante dans une époque et dans une société données.

La quasi-totalité des recommandations coraniques, comme le stipule le Coran lui-même, se relativisent lors de leur compréhension et de leur application, par cette reconnaissance unanime du Bien. C'est une notion d'éthique, donc relative et changeante, ce qui assure à l'islam une extrême souplesse et une éternelle jeunesse.

Tout ce que je suis en train d'avancer comme une évidence se voit violemment démenti par le vécu de l'islam dans le monde musulman.

L'islam sort d'une décadence de plusieurs siècles, où cette intelligence créative et interprétative a profondément hiberné. Durant ces siècles, les musulmans se sont trouvés devant un héritage théologique qui dépassait le seuil de leur compréhension, alors qu'ils doivent alimenter cet héritage ou même le remettre en cause. Du coup, ils ont sacralisé et l'islam et l'œuvre théologique de leurs « glorieux » ancêtres.

Le problème est que cette théologie sclérosée qui nous est parvenue, a été conçue pour un islam majoritaire et souverain sur ses terres, et de plus, pour une société tribale et clanique. C'est une théologie qui relève d'une époque où les nations ne se rencontraient guère, sinon animées par un esprit de rivalité impériale qui les opposait les unes aux autres. C'est une théologie qui n'a aucun souci de convivialité, ni la moindre idée du pluralisme géré par des règles universelles, telles la laïcité et la liberté religieuse, applicables et accordées à toutes les confessions.

Aujourd'hui, le monde entier court vers l'Universel, et notre planète, très peuplée, devient de plus en plus petite : toutes les idées, même les plus inassimilables, les plus contradictoires, se côtoient et interfèrent. Nul n'est étranger désormais, et aucune culture n'est exotique ou lointaine. Et les « vérités » dites absolues ne sont véridiques que pour ceux qui les conçoivent librement, et n'engagent que ceux qui les prônent...

La théologie de la minorité

La présence de l'islam en France offre aux musulmans l'opportunité inattendue d'expérimenter et de préparer une théologie de minorité parmi les minorités. Cette opportunité ne vient pas seulement du fait que la France est une société cosmopolite abritant en son sein une forte communauté islamique ; c'est surtout parce que la France est un État laïque, dont la laïcité se traduit par la neutralité des autorités publiques envers tout ce qui touche à la question confessionnelle. Cette absence d'intervention étatique, doublée d'un manque de pression sociale que connaissent les sociétés musulmanes, permet l'émergence au sein de l'islam en France de tendances réformatrices et libérales.

Cette théologie de la minorité n'est pas seulement intéressante et salutaire pour les musulmans de France, assurant leur coexistence pacifique et fraternelle avec les autres communautés. Le grand intérêt est qu'elle est transposable dans le monde musulman lui-même. L'islam, s'il ne veut pas être exclu du nouvel ordre international qui se dessine et qui s'annonce, doit se préparer pour l'Universel, même chez lui, et accepter d'être à l'échelle planétaire une minorité parmi les minorités, un partenaire proposant et non un adversaire conquérant.

Aujourd'hui, les droits de l'homme, la liberté des consciences, la liberté religieuse et la laïcité, sont les principes les plus consensuels et seuls susceptibles de gérer la société humaine entière, si plurale. Ces principes n'ont aucune consistance idéologique capable de heurter les idéologies régnantes ou de s'opposer à l'une d'elles. Ils n'appellent pas au respect d'une idéologie ou d'une confession, mais au respect de l'homme, tout homme, quelle que soit son idéologie ou sa confession.

C'est cela le « ma'rûf » d'aujourd'hui, cette éthique connue et reconnue humainement qui devrait baliser la démarche de tout exégète qui veut vivre le Coran ici et maintenant.

Chapitre IV

L'anarchie de l'imamat

À l'anachronisme théologique s'ajoute la désorganisation totale des affaires cultuelles musulmanes en France ; et le tout converge et contribue à la non-reconnaissance de l'islam dans ce pays. Mais nous sommes dans un véritable cercle vicieux. Car la non-reconnaissance entretient cette situation chaotique et aggrave la mauvaise image de l'islam en France.

L'inexistence d'un statut pour les imams

Malgré le nombre des musulmans et l'importance de l'islam en France, l'imam n'a pas de statut civique ou juridique. À part quelques muftis qui ont une certaine reconnaissance nationale, et quelques imams reconnus officieusement par les autorités locales, l'imam, en France, n'a aucun statut, et ne jouit d'aucune reconnaissance. Et ceux qui sont inscrits à la CAMAC ou à la CAMAVIC n'excèdent pas une vingtaine.

Les lieux de culte fonctionnent avec trois catégories d'imams :

— Des volontaires, notamment des jeunes instruits, venus en France pour effectuer des études supérieures; ils ont donc le statut provisoire d'étudiants étrangers.

— Des personnes salariées par un État musulman; ce sont des étrangers qui bénéficient d'une autorisation provisoire de séjour appelée « visiteurs » et renouvelable chaque année.

— Des personnes rémunérées par des collectes effectuées au sein de la communauté. Ces imams gardent alors leur statut initial, c'est-à-dire celui de personnes en retraite ou de chômeurs.

À cette variété de statuts s'ajoute une différence d'appartenance nationale, ce qui rend la carte géographique de l'imamat en France inextricable. Selon un recensement du ministère de l'Intérieur effectué en 1994, il y a en France environ 500 imams qui exercent d'une manière plus ou moins permanente, dont 40 % de Marocains, 25 % d'Algériens, 13 % de Turcs, 5 % de Tunisiens et 4 % de Français [1].

La grande proportion des imams marocains par rapport aux algériens mérite une explication. Dans tout le monde musulman, l'Ouest algérien,

1. *Libération* du 30 septembre 1994. Source : ministère de l'Intérieur.

le Maroc et la Mauritanie sont les régions où un nombre étonnant de personnes apprennent le Coran par cœur. Il y a quelques décennies, tout garçon devait faire cet apprentissage du Coran avant de découvrir sa destinée. Beaucoup de Marocains immigrés, travailleurs ou retraités, récitent aisément le Coran par cœur, contrairement aux autres musulmans en France.

Les 4 % d'imams français sont souvent des *harkis* âgés, des Comoriens ou quelques personnes naturalisées, comme c'est le cas du cheikh 'Allâwa 'Uthmânî qui prêche à Lyon, ou celui du cheikh Ghoul Moulaï à Marseille.

Le statut religieux de l'imam

À cette non-reconnaissance officielle du statut des imams s'ajoute une méconnaissance de leur statut religieux. Beaucoup en France s'interrogent : quel est leur rôle, leur autorité ? qui nomme les imams ? comment les reconnaître ? qui les forme ?

En effet, l'imamat en France fait l'objet d'une grande incompréhension. Les articles ou les ouvrages occidentaux sur la religion ou le monde islamiques, désignent souvent les représentants religieux de l'islam comme des « prêtres musulmans », se référant aussi bien aux imams, aux mollahs, aux *faqîh*, aux *qâdî* qu'aux ulémas. Cette expression « prêtres » est impropre, car elle implique une consécration pour exercer une fonction qu'un laïc ne peut exercer. Certes les dignitaires musulmans et les titulaires d'une fonction religieuse se distinguent des croyants ordinaires, mais par leur seule connaissance et par leur degré de savoir en matière de religion. Imam ou pas, tous ont les mêmes devoirs religieux ou civils. Et le témoignage d'un imam, en matière religieuse ou juridique, vaut autant que celui de n'importe quel musulman.

Imâm est un mot arabe, à l'origine un adverbe de lieu désignant le « devant »[1], comme le mot de la même racine *amâm*. Le mot *imâm* a vite épousé le sens qu'il a encore maintenant : « celui qui se met devant et que les gens suivent comme guide ». Il est applicable au chef de l'État, au calife, à celui qui guide la prière, au général d'une armée[2], etc.

Ainsi, pour les musulmans, l'*imâm* est aussi le Coran où il est écrit :

> Nous avons dénombré toute chose dans un « *imâm* » explicite. (Verset 12 de la sourate 36.)

L'*imâm* est donc, au sens commun, « le guide », puisque ce vocable est applicable à tout ce qui guide ou qu'on considère comme guide. Le vocabulaire arabe moderne appelle le guide de la route *imâm,* comme le précise le dictionnaire *al-Mu'jam al-Wasît*, qui fait autorité en cette matière.

1. *Al-Qâmûs al-Muhît*, rubrique AMM.
2. *Al-Mu'jam al-Wasît*, rubrique AMM.

Les imams, les religieux, ne sont ni des intermédiaires consacrés, ni des détenteurs de pouvoirs spirituels. Ils ne peuvent ni donner une bénédiction, ni garantir le pardon de Dieu, ni affirmer Sa condamnation. Ils ne proposent que des conseils valables pour le quotidien. De plus, n'importe quel musulman peut conduire la prière, accomplir les prêches, veiller au bon déroulement d'un mariage religieux. Si l'on parle de « prêtre », il faut considérer que tout musulman en est un. Mais la formule la plus exacte est que tous les musulmans sont des laïcs, y compris leurs imams.

En islam, la prêtrise n'existe pas, sinon condamnée, ainsi que tout ce qui correspond à la vie monastique. Le Coran dit à ce propos :

> ... Une vie monastique qu'ils ont [les chrétiens] inventée, que Nous ne leur avons pas prescrite. (Verset 27 de la sourate 57.)

Le Prophète a dit :

> Pas de vie monastique en religion [musulmane].

La fonction d'imam, dans le sens de « celui qui dirige la prière », est en général réservée à un homme, en raison de son âge, ou plus traditionnellement, de sa connaissance du Coran ; mais selon le droit musulman, n'importe quel fidèle peut s'en acquitter.

Les imams sont des fonctionnaires dont le salaire est assuré, en général, par un État, un organisme ou le revenu d'un habous [1], mais il est très fréquent de rencontrer des personnes bénévoles qui exercent l'imamat à côté de leur travail habituel. En l'absence d'un homme compétent, une femme peut assurer ces tâches au profit de ses semblables.

Le *qâdî*, juge, et le *muftî*, jurisconsulte, sont nommés en raison de leurs connaissances, et leur poste n'a pas le caractère d'une mission sacerdotale.

Le titre d'imam n'est pas donné à vie, comme pour le prêtre catholique, le savant ou l'artiste. C'est une fonction occasionnelle, comme elle peut être une carrière professionnelle. On est imam tant qu'on exerce l'imamat, à savoir la direction de la prière et la direction cultuelle d'une mosquée.

L'uléma, en revanche, est un titre à vie, car c'est une qualification inhérente à la personne titulaire de ce titre : ce n'est pas un poste, mais un degré de savoir.

Cette imprécision du rôle et du statut de l'imam est étrangère à la mentalité et aux habitudes françaises imprégnées de culture chrétienne. Mais ce qui gêne vraiment, c'est l'anarchie et l'absence de toute organisation dans lesquelles sombre l'imamat en France.

1. Le habous est un bien, souvent immobilier, légué définitivement à la religion dont l'usufruit finance le culte et l'enseignement islamiques.

L'ultramontanisme imamal

Depuis 1985, l'Algérie envoyait des imams en France, conformément à un ancien accord passé entre les deux pays concernant le détachement en France d'enseignants de la langue arabe. Plus d'une centaine d'imams sont ainsi arrivés en France avec un contrat de détachement quadriennal. Ils exercent l'imamat sous l'autorité de la Mosquée de Paris, et sont affectés en priorité dans les mosquées les plus importantes.

Ce détachement est en quelque sorte une promotion pour ces imams qualifiés d'« excellents »[1]. Leurs contrats non renouvelables les obligent à retourner dans leur pays après quatre années passées en France. Beaucoup d'entre eux choisissent de rester en sollicitant un recrutement direct par la Mosquée de Paris, ou par l'association locale qui les accueille.

Dans la plupart des cas, ces imams ont reçu une formation de niveau Bac+2, purement traditionnelle : disciplines islamiques, philologie arabe et apprentissage par cœur du texte intégral du Coran. Ils viennent essentiellement des milieux

1. Les imams en Algérie se divisent en trois degrés selon leur compétence : il y a l'imam ordinaire, l'imam *khatîb*, prédicateur (orateur) et l'imam appelé *mumtâz*, excellent. Ce dernier est classé dans l'échelle de l'emploi comme cadre, plus exactement comme professeur de lycée.

ruraux et découvrent en France un environnement urbain étranger à leur mode de vie. Choqués ou impressionnés par l'éclat de la ville et son rythme, beaucoup adoptent des positions très hostiles et prêchent l'abstention plus que la participation à la vie sociale.

Quatre années de séjour! Ils n'auront ni le temps ni la volonté de s'adapter à leur nouvel environnement. Dans la mesure où ils veulent rester, et trouvent les moyens de rester en France, ils se sentent certainement plus impliqués. Mais je suis en général très sceptique quant au bienfait de l'enseignement de la plupart de ces imams, auprès des jeunes notamment.

Cette coutume a été mise en place par mon père et maître Cheikh Abbas [1]qui voulait atteindre deux objectifs : assurer un véritable apport spiri-

---

1. Abbas Bencheikh el-Hocine est né en 1912 à Sidi Khalifa, la confrérie du Cheikh el Hocine, le « saint » aïeul fondateur de cette *zâwiya* dans le Constantinois. Uléma, il fait ses premières études dans la confrérie familiale, puis il part suivre ses études théologiques à la Zaytûna à Tunis, puis à al-Qarawiyyîn à Fès. Il adhère à l'association des Ulémas algériens sous la direction spirituelle de cheikh Ben Badis. Après la Seconde Guerre mondiale, il devient membre du Bureau permanent de l'association et responsable de la section de Constantine. En 1962, il est le premier ambassadeur d'Algérie en Arabie Saoudite, poste dont il démissionne, puis premier Président du Conseil Islamique Supérieur de l'Algérie dont il démissionne encore. Puis il est prédicateur à la grande mosquée d'Alger. Il accepte, en 1982, d'être à la tête de la Mosquée de Paris. En 1988, François Mitterrand lui décerne la Légion d'honneur. Il meurt à Paris le 3 mai 1989.

Nous lisons dans *Les banlieues de l'islam*, de G. Képel, que Cheikh Abbas, avant d'être à la Mosquée de Paris, était ins-

tuel à la génération des travailleurs immigrés et des harkis, et d'autre part, diffuser auprès d'eux un enseignement défini à la Mosquée de Paris, pour rassembler les musulmans de France autour d'elle, et réussir ainsi une structure organisée du culte musulman en France.

Aujourd'hui la situation a évolué. De nombreux jeunes qui ne maîtrisent pas l'arabe manifestent une soif spirituelle grandissante. Les jeunes musulmans viennent souvent dans les mosquées en quête de spiritualité, mais se sentent immédiatement peu concernés par ces prêches en arabe classique traitant de sujets du genre « paradis-enfer », loin de leurs soucis, et qui ne disent mot sur leurs problèmes.

Paul Quilès, ministre de l'Intérieur du gouvernement Bérégovoy, a interdit l'entrée en France à tout imam, y compris et notamment ceux qui venaient d'Algérie par le biais de la Mosquée de Paris. La raison réelle de cette interdiction consiste dans la contestation du statut de la Mosquée, et surtout la nomination de son recteur par l'Algérie sans préalable concertation avec le gouvernement français.

Le ministre et son conseiller technique Raoul Weexsteen voyaient en la Mosquée, non seule-

---

pecteur de la langue arabe auprès de l'Amicale des Algériens, ce qui a d'ailleurs été repris par J. Césari dans son livre *Être musulman en France*. Nous lisons aussi qu'il était proviseur dans un lycée algérois (M. Barbier, *Laïcité*, note 27, p. 221). Ces informations sont inexactes.

ment une ingérence algérienne, mais surtout une rivale qui entravait le bon déroulement du Corif, mis sur pied par le gouvernement. Ils ont pris également la décision d'interdire tout renouvellement des autorisations de séjour aux imams déjà en poste, ainsi que leur déplacement dans les mosquées régionales.

Charles Pasqua, dès son arrivée à la tête du ministère de l'Intérieur et des cultes, a tranché dans la querelle autour de la représentativité, puisqu'il a distingué entre les « bons » et les « mauvais » musulmans. Il met tout son poids sur la Mosquée de Paris et ses imams respirent un peu.

À cause de l'impossibilité d'envoyer de nouveaux imams, l'Algérie maintient la cinquantaine de religieux en poste en France, et renouvelle systématiquement leur contrat de détachement. Mais ils vivent dans des conditions extrêmement difficiles. Ces imams restent parfois plus d'une année sans recevoir de salaire.

Quant aux imams marocains, ils sont recrutés sur place par les associations locales. Le gouvernement du Maroc envoie, lui aussi, périodiquement et ponctuellement, des imams plus malikites [1]que les imams algériens. Les imams algériens ont une formation relativement ouverte sur les autres Écoles juridiques de l'islam. Depuis la réforme faite par Ben Badis, l'enseignement islamique en Algérie,

1. Le malikisme est la juridiction religieuse dans le Maghreb et l'Afrique de l'Ouest.

quoique faible aujourd'hui, ne se marque pas d'un malikisme *stricto sensu*.

L'envoi des imams marocains à l'occasion de fêtes religieuses ou durant le mois de Ramadan est de courte durée. Des ulémas agréés par al-Qarawiyyîn ou la faculté d'al-Hasaniyya viennent en France faire des tournées de conférences, et des récitateurs qualifiés psalmodient les prières nocturnes des *tarâwîh* durant les nuits du Ramadan. Ces imams et ulémas enseignent un islam traditionnel certes, mais de haut niveau. Or il est regrettable que ces ulémas en visite s'opposent à toute intégration des musulmans dans la société française, et souvent forgent à partir de textes religieux des arguments pour convaincre les fidèles qu'une telle idée suscite la colère de Dieu.

Les imams autoproclamés

Mais ce qui déstabilise la communauté, c'est qu'il y a en France des individus qui s'autoproclament imams, profitant de la confusion qui entoure le statut de l'imamat. Ces personnes, maîtrisant à peine l'arabe littéraire – ou parlant d'une manière qui ressemble, à l'oreille de l'illettré, à l'arabe littéraire –, se présentent comme imams, ouvrent des cabinets dans des appartements pour consultation, ou, s'ils ont plus de moyens, investissent dans la création d'un lieu de culte dit islamique. Ils agissent ainsi pour se procurer prestige et subsides – qui peuvent être considérables selon l'habileté de l'auteur.

Contrairement au catholicisme, où le curé ou tout Ordinaire du lieu est le responsable direct de son église, la plupart des imams n'ont pas de véritables pouvoirs sur leur mosquée. Ils sont en général recrutés ou affectés à des associations locales culturelles ou cultuelles, qui gèrent des mosquées ou des lieux de prière. Seuls les présidents ou les secrétaires généraux de ces associations détiennent le pouvoir de décision, même en matière doctrinale.

Mais très souvent, surtout s'il est habile et éloquent, l'imam s'impose à l'association qui l'a recruté, et prend plus de poids qu'elle devant les fidèles naïvement sincères, et charmés par ses prêches ardents. Cette espèce d'imam est capable d'aller jusqu'à utiliser l'arme fatale. Le moindre conflit avec l'association est réglé publiquement, lors du rassemblement du vendredi, en montant les fidèles contre ses adversaires. Il peut même, de cette manière, dissoudre l'association pour en constituer une autre sur laquelle il aura plus d'emprise, où il se réserve la présidence.

Le pouvoir de ces imams vient de leur art oratoire. Il faut savoir que le prêche se fait selon deux manières : il est lu ou improvisé. Si le sermon est lu, il contient une orientation réfléchie mais il n'impressionne pas tellement l'auditoire, puisqu'il paraît monotone et sans chaleur. Mais s'il est dit du haut de la chaire, sans l'aide d'un document écrit, la masse des fidèles est très sensible à l'inspiration divine, prouvée par l'aisance oratoire et cette science spontanément débordante.

Il est impossible de retranscrire certains sermons, pas plus en français qu'en arabe. Ils correspondent à un assemblage de phrases de grande éloquence, sans lien logique, sinon linguistique. À cela s'ajoute une ressemblance des introductions et de la prière finale, *du'â,* qui dure la moitié du prêche. Dans des causeries religieuses notamment, certains imams sont capables de dire toute chose et son contraire. L'essentiel, pour eux comme pour la masse des fidèles, consiste dans la prononciation solennelle de formules religieuses stéréotypées dites sur un ton qui frôle l'agressivité. Quant au contenu, il est inexistant.

Les plus dangereux parmi lesdits imams sont ceux qui, sans qualification, compensent leur ignorance par des discours zélés. Ils impressionnent les fidèles et les culpabilisent par le rappel des multiples « interdictions religieuses ». Ces prêches culpabilisants sont à la mesure de leur incompétence, alors que la tâche de l'imam devrait être de combiner la spiritualité des fidèles avec l'environnement et la culture dans laquelle ils sont appelés à vivre. Il est plus important de tenir compte de la réalité présente que de recourir à des adages surannés et répétitifs.

Je me mets à la place d'un jeune musulman maîtrisant mal l'arabe, chargé de soucis et d'aspirations, venant à la mosquée pour apaiser sa soif spirituelle et trouver des repères culturels et identitaires. J'ai la conviction que ce jeune, s'il a un minimum de lucidité, n'y reviendra plus, sauf peut-être s'il y est poussé par un sens aigu du devoir, ou par une recherche mystique de type kabbalistique qui interprète tout pour expliquer tout.

Dans une mosquée de banlieue parisienne, à l'occasion de l'événement du Voyage nocturne du Prophète, plusieurs imams ont pris la parole, à tour de rôle. Le premier, un notable connu, a parlé longtemps pour ne rien dire, sauf pour mettre l'accent sur le nombre de miracles attribués grossièrement et anachroniquement à la personne du Prophète. Avant de finir sa causerie, il a présenté l'imam qui allait prendre la parole à sa suite, en vantant son savoir et sa profonde sincérité. Celui-ci, très jeune, a parlé en un arabe correct, accessible à tous. Mais dans son discours, il a averti l'assistance contre tout ce qu'on attribue au Prophète sans aucune vérification historique. Il est allé jusqu'à nier tout miracle sensoriel concernant la vie du Prophète ; il a insisté sur sa condition d'humain et comment Muhammad, l'homme, peut toujours être un exemple atteignable par tous les hommes. Le troisième imam invité a commencé lui aussi par féliciter le jeune orateur, évoquant sa parfaite éloquence et son grand savoir. Mais il a commencé tout de suite à décrire le *burâq*, le cheval-ange qui a transporté le Prophète, d'une manière détaillée, allant jusqu'à la couleur de sa robe, le nombre de ses ailes, son visage féminin et comment ses jambes ne touchaient pas le sol...

Si l'on parle tellement du savoir du jeune orateur qui fait apparemment l'unanimité parmi les imams présents, pourquoi donc son discours paraît-il étrange, telle une fausse note, par rapport à ceux des autres conférenciers ? Pour moi, il ne s'agit que de civilité rendue pour maintenir une relation pacifiée au sein d'imams sans hiérarchie, et tant pis pour le fidèle !

L'imamat en France constitue un problème difficile à régler rapidement. La solution, qui fait d'ailleurs l'unanimité, est que la France doit former ses propres imams et ulémas.

Non seulement je propose leur formation en France, mais aussi la mise sur pied d'un examen indispensable pour l'ensemble des imams déjà en exercice. Cet examen aurait pour objectif de vérifier leurs connaissances en matière religieuse, leur apprentissage du Coran et leur maîtrise de la langue française. La supervision des connaissances des imams est indispensable, afin d'être informé de ce qui est prêché au nom de la religion musulmane. Cette transparence serait de nature à assurer une meilleure orientation religieuse pour les musulmans, et à rassurer l'imaginaire inquiet de certains non-musulmans.

Chapitre V

La médiocrité des représentants de la communauté musulmane

Où sont-ils, les responsables de la communauté ? Que font-ils pour résoudre ces problèmes et sauver le culte musulman de la dérive ?

Ces « responsables » existent et sont même nombreux. Ils participent malheureusement à la dégradation de la situation.

Il y a au moins quatre prétendants à la représentativité des musulmans de France : la Mosquée de Paris, l'Union des Organisations Islamiques de France (UOIF), la Fédération Nationale des musulmans de France (FNMF) et, jusqu'à une date très récente, le Haut Conseil des musulmans de France (HCMF). Ce dernier s'est divisé en deux, et chacun des nouveaux groupes ainsi constitués s'est divisé à son tour... Après l'échec du Conseil consultatif devenu Conseil représentatif, la Mosquée de Paris annonce inlassablement, le 21 septembre 1996, la création du Conseil supérieur des mosquées... Même les musulmans s'y perdent. Et nul n'est plus en mesure d'identifier quoi que ce soit !

Tous ces prétendants à la représentativité se concurrencent d'une manière indigne et cherchent à s'affaiblir par des attaques et des contre-attaques qui deviennent l'essentiel de leurs préoccupations. C'est dû à l'ambition personnelle plus qu'à une opposition théologique, juridique ou même politique. Car depuis quelques années, ces groupes rivaux ont tous le même discours. Ils évoquent un islam français et autonome... dont ils convoitent la présidence [1].

Les groupes rivaux se précipitent vers les pouvoirs publics, non pas pour dialoguer ou traiter avec eux, mais pour obtenir une légitimité officielle. Quel archaïsme politique !

La politique menée par la Mosquée de Paris ces dernières années incarne bien cet état d'esprit. La Mosquée a couru derrière le « Prince », le pouvoir politique, afin d'en tirer légitimité et reconnaissance. Cette démarche, indigne d'une religion, non seulement se heurte au principe de la laïcité,

---

1. Il semble que l'UOIF ait évolué et renoncé à cette fameuse représentativité et préfère parler désormais de composition avec les multiples tendances qui traversent l'islam de France. Les discours du dernier rassemblement du Bourget, décembre 1996, s'orientent vers une réflexion qui consiste à reconnaître les problèmes d'ordre théologique et juridique entre l'islam et la République, et à s'engager, en responsables, pour tenter de les résoudre.

mais elle est inefficace sinon dangereuse. Les autorités lâcheront par opportunisme celui dont les prises de position n'engageraient pas les musulmans.

La seule légitimité de représentation d'une communauté confessionnelle dans un pays laïque comme la France vient de la communauté elle-même. Et les autorités, quelle que soit leur couleur politique, ne concluront qu'avec celui qui a un vrai pouvoir sur sa communauté. Les responsables de la communauté ont donc intérêt à épouser au plus fort sa cause, de manière qu'elle soit la finalité de tous leurs efforts et la source de leur légitimité.

La Mosquée de Paris, non seulement cherchait la tutelle du gouvernement, mais plus particulièrement celle d'un parti politique, le RPR.

Une Église qui se respecte transcende toutes les formations politiques et se tient délibérément éloignée de leur rivalité. Pourquoi entraîner les musulmans dans des combats qui ne sont pas les leurs, ou qu'ils ne doivent pas mener en tant que musulmans ?

Une évolution anarchique

Le spectacle honteux, que les « responsables » musulmans offrent à ce pays, commence le 14 avril 1993 lorsque Dalil Boubakeur, le recteur de la Mosquée de Paris, prend la tête d'une coordination qui regroupe toutes les tendances existant sur le terrain : l'Union des Organisations Islamiques de France (UOIF), la Fédération Nationale des Musulmans de France (FNMF), Foi et Pratique (le groupe du Tablîgh), l'Association des Étudiants islamiques de France. Cette coordination avait vu le jour dans l'improvisation [1] au printemps de 1989 pour réclamer devant les tribunaux l'interdiction de la diffusion des *Versets sataniques* de Salman Rushdie. Elle réapparaît lors de l'affaire du voile « islamique » puis, de la guerre du Golfe.

À cause des divergences entre ses composantes, cette coordination ne cherche pas à rassembler les musulmans de France, ou à les représenter. C'est un organe pragmatique, qui, dans la diversité et l'opposition d'intérêts, cherche à s'unir ponctuellement pour faire face à tout danger jugé menaçant pour tous [2].

L'adoption de cette coordination par la Mosquée de Paris fut une véritable surprise. La Mosquée fédère d'emblée, et à l'échelle nationale, tous les organismes rivaux, sans aucune exception et bien mieux que le Conseil de réflexion sur l'islam en France (CORIF). Cette fois-ci, la coordination représente tous les courants et sensibilités, et l'initiative de la représentation vient des musulmans eux-mêmes. Tout semble arrangé. Les observateurs doivent-ils plier bagage ? La presse

1. *Le Monde* du 16 avril 1993.
2. Henri Tincq, *Le Monde* du 16 avril 1993.

qui s'est spécialisée dans les conflits et les querelles islamo-islamiques en France va-t-elle chômer ?

Trois mois plus tard, c'est l'échec. D'abord, la FNMF claque la porte et publie un texte très dur : la FNMF *a le regret de constater qu'au terme de plusieurs réunions, les ambitions personnelles et politiques du Dr Dalil Boubakeur se révèlent en contradiction totale avec les buts initialement fixés lors de la constitution de la Coordination.* La FNMF *ne peut s'associer à ces tentatives de manipulation de la communauté musulmane de France* [1].

D'autres associations publient un communiqué pour sensibiliser le gouvernement dans l'espoir de fonder une réelle réflexion sur l'islam en France. Le brouhaha autour de l'islam en France reprend donc son cours.

Cette scission et ce départ n'ont aucunement gêné la Mosquée de Paris dans sa volonté de présider l'islam en France, car ils ont coïncidé avec l'arrivée de Charles Pasqua qui a mis tout son poids pour promouvoir un islam de France uni et organisé autour de la Mosquée de Paris.

La coordination s'ouvre à une centaine de personnalités musulmanes, et se déclare, le 20 novembre 1993, Conseil Consultatif des musulmans de France. Une vive querelle se déclenche autour de la présidence, voulue tournante par l'UOIF, causant une rupture entre cette dernière et la Mosquée de Paris. Mohamed Bechari, Secré-

1. Communiqué, AFP, Paris, 21 juin 1993.

taire général de la FNMF, estime que le Dr Boubakeur ne représente que lui et son entourage. Et tandis qu'Abdallah Ben Mansour, alors Secrétaire général de l'UOIF, et le recteur de la Mosquée de Paris s'accusent mutuellement d'avoir voulu faire « un coup de force »[1]...

Une charte est élaborée sans la FNMF, ni l'UOIF, ni le groupe Tabligh; et le Conseil Consultatif devient représentatif et ses membres seront reçus par Charles Pasqua qui enterre ce jour-là le Corif.

Mais ce Conseil représentatif, reconnu par le ministre de l'Intérieur, est un regroupement de personnes, ne possédant ni statut ni conseil d'administration ni bureau ni formalités pour élire un président ou accueillir de nouveaux membres.

À chaque réunion, des voix s'élèvent, réclamant la rédaction de statuts et l'élection démocratique des organes et du président.

Estimant que le courant dominant au sein de ce Conseil lui était défavorable, le Dr Dalil Boubakeur fait appel à une vingtaine de personnes, tous de la région du sud de la France et appartenant à l'ancienne Amicale des Algériens en France. Ils sont appelés le « Groupe des vingt ». Leur tâche est de faire basculer l'équilibre en faveur du recteur de la Mosquée, afin de lui assurer la présidence. En contrepartie, le recteur leur réserve la présidence de diverses commissions.

---

1. Communiqué, AFP, Paris, 25 décembre 1994.

Surpris par cette « amicalisation » soudaine du Conseil, ses membres, notamment les Français musulmans, exigent le départ pur et simple de ces intrus, en faisant comprendre au Dr Dalil Boubakeur qu'il n'existe pas encore de formalités qui fixent l'adhésion des nouveaux membres et qu'il ne peut pas « nommer » des responsables au sein de ce Conseil, mais que ceux-ci doivent être élus.

Réunion après réunion, dispute après dispute, date repoussée, date annulée, le Conseil Représentatif des musulmans de France sombre dans le ridicule. Un groupe décide alors, le 16 décembre 1995, de créer autre chose, une instance plus sérieuse, plus démocratique : le Haut Conseil des musulmans de France.

À l'issue de l'assemblée constitutive de ce nouvel organisme qui s'est tenue au siège du Conseil régional d'Ile-de-France à Paris, les membres déclarent qu'ils veulent réussir là où d'autres ont échoué.

La multiplication de la paramécie

Le même scénario se répète. Dès l'annonce de la création de ce Haut Conseil, le successeur de Pasqua à l'Intérieur, Jean-Louis Debré, et son conseiller en matière d'islam, André Damien, reçoivent les membres, tout en leur donnant caution et reconnaissance. André Damien encourage en effet le Haut Conseil, mais pas trop ; il affaiblit la Mosquée de Paris, mais pas tellement. Les deux institutions peuvent désormais mener un combat égal et passionnant.

Les membres du Haut Conseil, conscients que l'élection d'un président conduit à des querelles interminables, optent alors pour une direction collégiale. Cependant, deux membres se placent comme meneurs : Mme Khadidja Khali, veuve d'un ancien officier de l'armée française, et Dahmane Abderrahmane, alors président de Radio *France-Maghreb*. Mais ces deux membres, officieusement les chefs, ne sont pas les meilleurs éléments de ce nouveau regroupement. Ils ne font parler d'eux que grâce à leur audace et leur témérité, notamment dans les attaques virulentes et directes contre Dalil Boubakeur.

Très gêné par cette démarche indigne d'une instance qui ambitionne de représenter une religion, les sages de ce Haut Conseil décident, en juin 1996, de se réunir à part et d'exclure les deux ambitieux. Mais les exclus semblent exclure la majorité qui les a exclus ! Ces deux personnes, très persévérantes, continuent à se réunir, à mener des actions et à recruter des membres, toujours au nom du Haut Conseil. Plus encore, Nizar Laarage, un de leurs proches, mène, avec ses hommes, l'assaut de la mosquée d'Évry (Essonne) et l'occupe du 4 au 16 août, avant d'être expulsé de force par le recteur Khalil Merroune, dont il conteste la gestion. Cette affaire se règle en justice ; elle devient publique et révèle gabegie et malversations dans la gestion de certaines mosquées...

Le Haut Conseil s'est donc divisé en deux, les « sages » et les « virulents ». Cette dernière subdivision s'est encore divisée récemment en deux, puisque ces deux personnes se sont violemment disputées. Le plus curieux est que chacun continue à parler et à agir au nom du Haut Conseil des musulmans de France...

Tout le monde contre tout le monde

Pendant ce temps-là, des événements peu habituels se déroulent à la Mosquée de Paris. Le recteur et sa nouvelle équipe décident de se débarrasser d'une quinzaine de « cadres » de la Mosquée. Ceux-ci créent, le 1er avril 1996, une section syndicale CFDT au sein même de la Mosquée pour se protéger d'un licenciement, justifié pour les uns, abusif pour les autres, et décrètent une journée de grève... Les « syndiqués » déclarent à la presse que les mesures prises par Dalil Boubakeur *procèdent d'une volonté d'écarter toutes les personnes refusant la soumission absolue aux desiderata d'un recteur qui a abondonné toute concertation et tout dialogue* [1].

La même semaine, le recteur Boubakeur annonce la constitution d'un « Comité des sages » *en vue de permettre à la Mosquée de Paris d'assu-*

1. Communiqué, AFP, Paris, 16 avril 1996.

rer de manière encore plus effective sa vocation de pôle fédérateur et de rassemblement[1]...

Les responsables de la mosquée de Lyon refusent désormais la tutelle de la Mosquée de Paris, et n'acceptent de collaborer avec le recteur que dans la mesure où il s'agit d'alliance et de partenariat, surtout lorsque ceux-ci s'imposent, comme c'est le cas devant la menace commune du Haut Conseil des musulmans de France. Celui-ci a montré, suite à l'affaire de la mosquée d'Évry, qu'il est capable d'aller jusqu'à occuper des lieux de culte et fouiner dans leur gestion.

Kamal Kabtane, directeur de la mosquée de Lyon, et Dalil Boubakeur, recteur de la Mosquée de Paris, annoncent ensemble la création, une fois encore, du Conseil supérieur des mosquées de France, et appellent à une réunion à Paris, le 21 septembre 1996. Mais le Dr Dalil Boubakeur déclare à la presse qu'il a été promu, lors de la réunion, « représentant du culte musulman dans les cérémonies officielles organisées par les autorités de la République ». Cette déclaration provoque le mécontentement des responsables de la mosquée de Lyon, qui prennent leurs distances avec le Conseil supérieur des mosquées...

Pendant ce temps-là, Dahmane Abderrahmane, président autoproclamé de l'une des multiples fractions du Haut Conseil des musulmans de France, attaque, avec une extrême violence, les

1. *Idem.*

responsables des deux mosquées, dans une revue distribuée gracieusement à la sortie des lieux de culte, où il les accuse de détournement de fonds, en citant des chiffres et des faits. Kamal Kabtane exige un droit de réponse, et son homologue, Dalil Boubakeur, saisit le juge des référés du tribunal de grande instance de Paris pour diffamation...

Le 26 novembre 1996, dans un nouveau communiqué, Dalil Boubakeur précise qu'il a été élu président d'un directoire ayant comme tâche la préparation d'un grand congrès islamique programmé pour fin 1997. Il rappelle à cette occasion qu'il occupe, depuis le 22 septembre, les fonctions de « représentant du culte musulman lors des cérémonies officielles organisées par les autorités de la République ». Mais, le 9 janvier 1997, le Président Jacques Chirac ne reçoit aucun dignitaire musulman pour la présentation des vœux, et les « représentants » de la communauté musulmane s'étonnent et se vexent...

Tous ces adversaires parlent de dialogue et d'entente, et récitent à ce sujet de nombreux versets coraniques, mais ils ne communiquent entre eux qu'à travers des lettres recommandées, des éditoriaux, ou par juge interposé. Aucun d'entre eux ne donne une conférence, ni n'écrit un article, ni ne participe au chaud débat sur l'islam en France. Personne parmi eux n'est au courant qu'une certaine Annie Laurent a écrit un livre injurieux et très négatif sur l'islam de France et qui se vend comme des petits pains.

Dans ce chaos désespérant, l'Élysée tente d'intervenir. On charge officieusement Mme Djaouida Jazaerli, chef de cabinet de l'ancien recteur Cheikh Abbas, de regrouper une dizaine de personnalités musulmanes aptes à mener une réflexion sur l'organisation de l'islam. Dans le même temps, on donne des directives à Jean-Louis Debré pour les recevoir et constituer une instance de consultation.

Le 18 février 1997, Debré reçoit le groupe. Nous avons trouvé sur son bureau et des lettres de délation et des télégrammes de contestation et des messages de dissuasion, venant tous de « responsables » musulmans. Aucun membre de ce groupe n'a été épargné...

Ces musulmans n'ont pas encore compris que la République attend des interlocuteurs indépendants et non des subalternes « nommés ». L'honneur est très grand, ils n'arrivent pas à l'imaginer.

Les mots qui résument la situation des musulmans en tant qu'entité confessionnelle sont ceux écrits par Henri Tincq après l'assassinat des sept moines en Algérie :

> Ainsi va la communauté musulmane de France, ballottée au gré de ses humeurs et de ses divisions, sans direction incontestée, soumise aux amalgames de l'opinion, et que des événements comme ceux de l'Algérie rendent encore plus désireuse de s'intégrer en France, mais qui se montre aussi de moins en moins capable de faire face à ses responsabilités [1].

1. Henri Tincq, *Le Monde* du 26-27 mai 1996.

CHAPITRE VI

Pour une représentation savante et légitime de l'islam

Politiquement, les musulmans de nationalité française sont, en théorie, représentés par les députés de leurs régions ; quant aux intérêts des musulmans non français, ils sont en principe du ressort des consulats et des amicales en lien direct avec leur pays d'origine. C'est la représentation religieuse qui fait défaut.

Certains musulmans réclament un vote démocratique pour élire des représentants. Je ne partage pas leur méthode.

Les musulmans de France ont surtout besoin d'équilibre entre leur spiritualité et leur environnement. C'est une œuvre pédagogique qu'il leur faut. Il s'agit donc de mettre en place une instance musulmane d'étude et de recherche théologique et pédagogique, ouverte d'esprit, afin de mener à bien la recherche des adaptations nécessaires.

Pour commencer cette étude, il faut exclure ce qu'on a l'habitude de désigner par l'« orthodoxie » musulmane.

Beaucoup de chercheurs, non musulmans pour la plupart, emploient des termes tels « l'islam orthodoxe », « les musulmans orthodoxes », etc. pour désigner : soit l'islam conventionnel et la pratique ambiante des musulmans conservateurs ou traditionnels, par opposition à l'hérésie, l'abandon ou l'extravagance ; soit l'islam fermé et dur, voire obscurantiste. Ce dernier sens de l'orthodoxie a une connotation péjorative. L'emploi du terme orthodoxe ne concerne pas seulement l'islam, mais aussi d'autres religions comme le judaïsme et l'hindouisme, etc., excepté, bien sûr, le christianisme, du fait que le mot orthodoxie s'identifie avec l'une de ses Églises.

Scientifiquement, l'orthodoxie ne veut rien dire. Elle est une qualification partiale, le jugement d'un parti porté sur un autre. Tout hérétique se voit orthodoxe, et l'orthodoxie n'est, aux yeux de l'hérésie, qu'une hérésie ambiante.

Le fait de nier l'existence d'une orthodoxie ne conduit pas à négliger la croyance dont se réclament la plupart des musulmans. Mais la croyance des musulmans n'est pas une autorité dont le jugement est tranchant, étant donné qu'elle change et varie.

Le Groupe musulman de France

La *Jamâ'a*, le Groupe[1] musulman, est la seule référence évoquée par les textes – Coran et Hadith – en matière de représentation temporelle d'une communauté.

Le terme *jamâ'a* veut dire « l'ensemble » par opposition à « la fraction ». Beaucoup de *hadîth,* propos attribués au Prophète, désapprouvent les attitudes sectaires ou schismatiques et les positions individuelles :

> La main de Dieu est avec le Groupe[2].
> Tenez-vous dans le Groupe, celui qui le quitte, c'est pour l'enfer[3].
> Ma communauté se divisera en soixante-douze groupuscules tous destinés à l'enfer, excepté un, c'est le Groupe[4].

Or, comment reconnaître le « Groupe » ? Il n'est jamais identifié au plus grand nombre de personnes, comme le prétendent les sunnites pour accuser les minoritaires d'égarement et

---

1. Ce terme est à prendre au sens quasi technique, relevant de la théologie musulmane.
2. Al-Tirmidhî, *al-Fitan*, ch. 7 ; Al-Nasâ'î, *Al-Tahrîm*, ch. 6.
3. Al-Tirmidhî, *al-Fitan*, ch. 7.
4. Al-Tirmidhî, *Al-Imân*, ch. 18 ; Ibn Mâja, *al-Fitan*, ch. 17. Voir ce *hadîth*, ses versions, ses chaînes de transmission et son commentaire dans *Al-farq bayn al-firaq* d'Abd al-Qâhir al-Baghdâdî, décédé en 1037, p. 7.

pour les inviter à rejoindre la majorité. Il n'existe aucun texte qui précise qu'en cas de division, la Vérité est le monopole du groupe le plus nombreux, pour dire que le vote démocratique, par exemple, tranche dans la recherche des Vérités ! Et même de nombreux textes affirment le contraire, comme ce verset :

> Et si tu obéis à la plupart de ceux qui sont sur terre, ils t'égareront du sentier de Dieu : ils ne suivent que la conjecture, et ne font que supputer. (Verset 116 de la sourate 6.)

C'est tout à fait juste, car tout prophète, tout sauveur, tout réformateur, tout contestataire de l'ordre établi et pourfendeur des idées fixes, est, au début de son prêche ou de sa contestation, non seulement minoritaire mais très seul et dérangeant. C'est pour cette raison qu'un seul homme peut être considéré, par rapport à son poids et sa proximité de la vérité, comme « tout un peuple », ou toute « une nation », soit parce qu'il est son fondateur potentiel, soit parce qu'il demeure l'héritier légitime d'une culture ou d'un enseignement, au moment où les autres membres appartenant à cet enseignement s'égarent. Le Coran dit à propos d'Abraham :

> Abraham était [seul] tout un peuple. (Verset 120 de la sourate 16.)

On rapporte aussi ce *hadîth* :

> Si 'Umar et Abû Bakr se réunissent [sont unanimes], la vérité est leur troisième [1].

C'est-à-dire la vérité est avec eux deux même si leurs opposants sont nombreux.

Aujourd'hui, les musulmans sont divisés en une multitude de groupes à tendances doctrinales et dogmatiques diverses. Qui, parmi eux, est le Groupe salutaire ?

Il est d'autres *hadîth* qui aident le désemparé. Il faut suivre « celui qui tient toujours au Coran et à la *Sunna*, la Tradition ». Malheureusement, le problème ne se résout pas avec cette simple qualification puisque la plupart de ces groupes musulmans se réclament jalousement du même Coran et de la même *Sunna* (tradition prophétique) !

Nous pouvons admettre l'existence de la notion de Groupe, mais il faut cesser d'essayer de le définir dogmatiquement. Méditons le *hadîth* suivant :

> Celui qui désire s'établir confortablement au Paradis, qu'il rejoigne le Groupe, car Satan est avec celui qui se veut seul et il est déjà plus loin de deux personnes réunies [2]...

Ce *hadîth* est très concret. C'est une recommandation de se réunir, d'œuvrer ensemble et de lutter contre les divisions et les déchirures, malgré le

1. Ce *hadîth* très répandu est probablement apocryphe.
2. Al-Bukhârî, *al-Adhân*, ch. 35 ; Al-Nasâ'î, *al-Imâma*, ch. 45 ; Ibn Mâja, *al-Iqâma*, ch. 44.

désaccord doctrinal fort probable entre les personnes réunies. Là où ils se trouvent, même en *diaspora,* les musulmans doivent éviter de couper le lien social et spirituel, et éviter de devenir des individus dispersés. J'ai dit « même en *diaspora* », car le Groupe n'est pas la *Umma* dans le sens de « l'ensemble des musulmans ». Les recommandations concernant le Groupe visent essentiellement ceux qui réfléchissent, donc susceptibles de tomber dans le désaccord plus que d'autres.

Le Groupe est cette fraternité entre des musulmans notables, d'une cité ou d'une région que le Coran appelle les gens du *amr.* Le *amr* est un terme difficilement traduisible, car il englobe à la fois le sens des affaires, de l'ordre, du commandement, de l'exécution et de la décision. Il existe un terme en français assez proche : la politique. La politique en tant que gestion, et non pas séduction ou ambition.

Le Coran dit :

> Obéissez à Dieu, au Messager et à ceux qui détiennent les décisions parmi vous. (Verset 59 de la sourate 4.)

L'expression « ceux qui détiennent les décisions » signifie la classe dirigeante d'une société, l'ensemble des intellectuels, des responsables, des hommes d'affaires, et tout homme influent et écouté que les juristes musulmans nomment « ceux qui font et défont ». C'est ce que comprennent des ulémas réformateurs de ce verset comme Rashîd Ridâ, Al-Khadir Husayn et Ben Badis [1].

Les décisions du Groupe n'entérinent pas les avis exprimés lors de la concertation, mais la morale et le civisme dictent qu'on se plie tous à la décision retenue jusqu'à la prochaine concertation. C'est une démocratie traditionnelle connue dans des nations, comparable à celle de l'Arabie préislamique. Car le notable ou le cheikh est présumé être le représentant de tout membre de son clan. Le Coran dit :

> Leurs décisions naissent de la concertation entre eux.

« Eux », ce sont les musulmans représentés par leurs notables.

Il est très important de remarquer que le Coran s'adresse au Groupe, et recommande l'obéissance au Groupe : « ceux qui détiennent les décisions », toujours au pluriel. Aucun verset ne s'adresse à « celui qui détient les décisions », au singulier, c'est-à-dire au chef de la communauté musulmane et qui a la charge d'exécuter les commandements, sultan, calife ou commandeur des croyants. C'est à tous les musulmans, représentés par leurs notables, de décider s'ils élisent ou non un ou plusieurs chefs. En outre, ces versets sont clairs, et indiquent que l'organisation des hommes dans ce monde émane de leur concertation, et non d'une

1. Voir l'article de Ben Badis : « Ûlû al-amr » *in Al-Shihâb*, décembre 1939.

étude religieuse faite par un mulla ou un mufti, ce qui garantit la sécularisation nécessaire pour tout projet social ou politique.

Cette question du Groupe et sa définition concernent de près notre réflexion sur l'islam en France. Car elle permet aux musulmans de ce pays d'avoir une autonomie par rapport à l'ensemble des musulmans, la *Umma,* dans la gestion et dans les questions pratiques. Mais avant d'oser imaginer cela, il faut d'abord voir si la seule *Umma* peut contenir plusieurs groupes relativement autonomes.

Il existe un verset coranique qui traite d'un autre sujet, mais il peut être ici objet d'une extension. Le Coran dit :

> Si deux groupes de croyants se combattent, faites la paix entre eux. Puis si l'un d'eux se rebelle contre l'autre, combattez celui qui se rebelle jusqu'à ce qu'il s'incline devant l'ordre de Dieu. S'il s'incline, alors faites la paix entre eux avec justice... (Verset 9 de la sourate 49.)

Dans ce verset, il y a au moins trois groupes indépendants avec des intérêts et des prises de position manifestement autonomes, même s'ils sont tous appelés à avoir une relation de paix et de justice au nom de leur appartenance commune à la même foi, à la même *Umma.*

Ben Badis affirme la distinction entre l'aspect social et moral, et l'aspect politique et étatique d'un groupe de musulmans :

> Les musulmans – comme tout le monde – ont deux aspects : politico-étatique et socio-moral. L'aspect politico-étatique relève des affaires de leur nation indépendante. Mais l'aspect socio-moral doit être pris en charge par le groupe de musulmans dans une nation indépendante ou non indépendante.

Le verset 9 de la sourate 49, et l'avis de Ben Badis qui fait allusion à la diversité des nations musulmanes et à la différence de leur situation, nous suffisent pour réclamer l'autonomie dans les intérêts et dans certaines orientations du Groupe musulman en France.

Les décisions émanant du Groupe sont une source authentique, légitimée par tous les textes cités plus haut, mais ces décisions se modifient périodiquement puisque les membres des Groupes changent ainsi que leurs intérêts. Aucune génération n'a le droit de décider pour une autre, pour préciser concrètement l'aspect pratique de l'islam et marier son enseignement avec la vie de tous les jours. Les décisions du Groupe n'excluent pas la possibilité d'exprimer des avis contraires ou des protestations, mais si les musulmans peuvent avoir plusieurs avis, ils sont appelés religieusement à suivre tous les mêmes décisions.

Les ulémas, l'autre composante du Groupe

Le Groupe musulman est donc la seule solution pour organiser efficacement et légitimement la communauté musulmane de France, à condition de conjuguer cette notion avec ce que stipulent les principes de la République.

Le Groupe n'est ni un clergé ni une institution religieuse. Il faut toutefois le définir religieusement pour fonder une légimité, afin qu'il ait autorité sur ceux qui se réclament de l'islam en France.

Le Coran, dans ses recommandations, s'adresse directement soit au Prophète soit au Groupe des croyants. Le Prophète représente cependant tout musulman, puisque le Coran dit :

> Et vous avez à coup sûr en la personne de l'Envoyé de Dieu un bon exemple. (Verset 21 de la sourate 33.)

C'est la raison pour laquelle le musulman lit le Coran comme s'il lui avait été révélé exclusivement, tout en faisant l'effort personnel de le comprendre. Mais sa compréhension personnelle du Coran ne fait autorité que pour lui, et il ne peut obliger personne à la partager.

Si, par ailleurs, le musulman se trouve incapable de mener seul une recherche sur un texte, il est appelé à se référer à des connaisseurs en matière d'islam, les ulémas, les gens du Rappel :

> Et interrogez les gens du Rappel si vous-mêmes vous ne savez pas. (Verset 43 de la sourate 16.)

Cela donne certainement une autorité morale et académique aux spécialistes des sciences islamiques, et c'est une première hiérarchisation dans le Groupe musulman.

Faute de sacrement, l'uléma obtient son statut par un consensus social qui s'établit autour de lui. Les fidèles reconnaissent les qualités morales et intellectuelles d'un homme et l'élèvent à un rang de responsabilité. Cet agrément social se fait dans tous les pays musulmans d'une manière plus ou moins exacte et spontanée, et, avec le temps, les ulémas forment une classe de haut niveau, au sein de laquelle ils se cooptent et se reconnaissent mutuellement, comme l'exprime la phrase : *dakhala fî zumrat al-'ulamâ'* : il est entré dans la catégorie des savants religieux.

Le travail des ulémas vise uniquement l'adaptation des textes, avec réalisme et pragmatisme, pour proposer des solutions valables dans la vie quotidienne des musulmans. Leur compétence leur permet de promulguer des *fatwâ*. La *fatwâ* – ce mot si connoté en Occident – n'est qu'un avis religieux non obligatoire, admissible, réversible ou réfutable.

Les ulémas forment une classe académique et se regroupent dans des hauts lieux du savoir islamique, tels les instituts des sciences islamiques, où le conseil scientifique s'identifie à un consistoire musulman.

L'ensemble des notables musulmans d'une région et les ulémas constituent le Groupe. Les membres du Groupe ont une obligation de s'unir et de se regrouper autour de l'idée de communauté. C'est ce que nous disposons comme matière première. C'est ainsi que nous pouvons envisager une représentation savante et canonique de l'islam en France.

Quel que soit leur niveau, les notables musulmans existent partout et dans tous les temps, en l'occurrence en France aujourd'hui. Car la notion de « notable » a toujours un sens relatif. Mais les grands absents sont les ulémas, ce qui rend actuellement la formation du Groupe très incomplète, voire inutile. La recherche de l'adaptation et la pédagogie est, en effet, du ressort des ulémas et non des notables qui, eux, s'occupent de la gestion.

Les ulémas, cette hiérarchie académique islamique, n'existent pas en France, car il n'y a ni formation les préparant, ni fidèles compétents capables de les reconnaître et de certifier leur autorité.

En effet, à l'extrême rareté des ulémas s'ajoute le fait que la majorité de ceux qui fréquentent les mosquées n'ont pas la possibilité de distinguer le véritable uléma de l'imposteur. Cette inaptitude de la part des fidèles, accompagnée d'une soif religieuse, facilite malheureusement l'intrusion de personnes peu recommandables.

Cette situation est dangereuse, dans la mesure où de nombreuses chaires, dans les mosquées, sont occupées par des incompétents. Une mosquée sans prédicateur de qualité est comparable à une clinique sans médecins, où l'on donne la mort au lieu de préserver la vie.

L'organisation du Groupe musulman ne peut se faire alors qu'avec la création d'un institut supérieur d'islamologie dont l'objectif serait d'enseigner la théologie et les sciences islamiques, préparant les fondements d'un islam minoritaire dans une société pluraliste et laïque. Le programme de formation serait une nouveauté qui répondrait à un grand besoin, tout en étant un enseignement transposable dans tout pays similaire à la France où l'islam est minoritaire.

Il faudrait aussi mener, au sein de cet institut, une étude comparative du droit français et de ce qui fait l'unanimité dans le droit musulman, pour démystifier ce dernier et montrer que chacun souhaite la bonne organisation de la société humaine. Il faut expliquer aussi que le droit musulman est certes fondé sur les principes coraniques, mais que ces principes sont souvent les bases d'une éthique humainement partagée. Le droit musulman résulte d'un ensemble de travaux et d'essais issus de l'intelligence humaine interprétative et créative, dont il faut admirer le génie, sans que cette admiration entrave celui de notre génération.

Cet enseignement pourrait se faire soit dans un

établissement privé lié à l'État par contrat conclu avec le ministère de l'Éducation nationale, soit sous forme d'institutions purement étatiques, comme l'a déjà imaginé Mohammed Arkoun.

L'Institut National des Études Islamiques

Le projet le plus sérieux, le plus complet et le plus scientifique, est celui qui s'intitule l'Institut National d'Études Islamiques (INEI). Ce projet, malheureusement, dort depuis janvier 1992, faute, dit-on, de financement. Mais en réalité, faute de motivation politique et de volonté administrative. Ce projet est le fruit d'un long travail collectif avec la participation des Prs Mohamed Arkoun, Jean Baubérot et Ali Merad auxquels ont été associés les Prs Daniel Gimaret, Guy Monnot et Pierre Lory.

La vocation de cet Institut est d'apporter à l'islam la liberté de penser, d'écrire, de publier et d'aborder les problèmes inabordables dans les pays musulmans pour des raisons politiques. *L'islam de France pourrait ainsi proposer des expressions inédites dans le monde musulman ancien et contemporain*[1]. L'implantation de cet Institut est envisagée à Paris et la structure qui l'accueille n'est autre que la Section des Sciences Religieuses de l'École Pratique des Hautes

1. Document de présentation du projet (INEI), p. 3.

Études, avec laquelle il serait rattaché par décret[1] tout en gardant son autonomie morale et financière. Le choix de l'EPHE a été fait grâce à la longue expérience et au grand rayonnement de cette École. Ainsi la création de ce projet que *la droite pourrait trouver provocateur ou que les laïques jugeraient rétrograde*[2], serait à l'abri des critiques.

L'Institut serait soumis aux dispositions de la loi n° 84-52 du 26 janvier 1984 et sous la tutelle du ministère de l'Enseignement Supérieur. L'Institut National d'Études Islamiques sera administré par un conseil d'administration comprenant 60 % de personnalités extérieures, nommées par décret en fonction de leur renommée internationale dans le domaine des études islamiques[3].

Le projet de L'INEI prévoit cinq chaires principales :

— L'Exégèse du Coran,

— L'Histoire de la pensée islamique (théologie, philosophie, mystique),

1. *Ibid.*, p. 5.
2. *Ibid.*, p. 6.
3. À ce projet était jointe une liste de personnalités pouvant faire partie du Conseil d'Administration, dont trois personnalités musulmanes : Kably Mohammed, recteur de l'Université de Tétouan (Maroc), Ahmadou Seydou, résidant en France, conseiller à l'Unesco (Niger) et Ahmed Taleb Ibrahimi, ancien ministre des Affaires étrangères (Algérie). Le choix de ce dernier est plus politique que scientifique, il est le fils du cheikh al-Bashîr al-Ibrâhîmî. Quant à la personnalité azharite on signale qu'il faut la choisir avec précaution.

— Le Droit musulman (*usûl al-dîn*[1], et *usûl al-fiqh),*

— Religion, civilisation et société dans le monde islamique,

— L'Histoire comparée des théologies monothéistes.

Le projet ne se veut pas uniquement explicatif mais aussi critique. Il précise, par exemple, que l'exégèse doit s'appuyer sur la linguistique arabe, et non pas sur la seule tradition, et qu'il faut une étude comparée de l'Histoire, au lieu de l'unique histoire de l'islam, *traditionnellement enseignée de façon isolée et souvent dogmatique*[2].

L'Institut National des Études Islamiques envisage trois niveaux d'enseignement :

— la préparation d'un certificat d'études islamiques (niveaux du premier et deuxième cycle),

— un diplôme particulier sera créé, permettant à l'organisme[3] qui sera représentatif des musulmans de France d'exiger ce diplôme du candidat à l'exercice de l'imamat,

— des semestres de troisième cycle pour préparer au DEA, au doctorat, et à l'habilitation.

L'institut dirigerait plusieurs travaux de recherches en matière d'études islamiques, ainsi que des conférences publiques pour répondre à

1. *Usûl al-dîn* ne relève pas spécifiquement du droit musulman.

2. Document de présentation, p. 8. Nous sentons dans ces propos une ardeur arkounienne.

3. Le document mentionne le Corif.

une demande sociale très grande auprès des musulmans ou des non-musulmans.

Certains se demandent si un enseignement religieux pourrait être sous tutelle directe de l'État, malgré la coutume française et la loi de séparation. La réponse est simple. L'enseignement islamique n'est pas spécifiquement confessionnel, la piété, la religiosité et l'observance de la foi relèvent de l'individu et non du programme d'enseignement. L'enseignement islamique n'est pas en soi un exercice cultuel mais une information et un apprentissage.

Scientifiquement, on admet comme postulat la véracité de l'islam, ainsi que celle de la révélation et son caractère infaillible en tant que parole de Dieu. C'est un pur postulat avec pour seul objectif d'avancer dans la recherche. Bien des islamologues et des orientalistes le font dans des établissements étatiques, comme le Collège de France ou l'École Pratique des Hautes Études. L'essentiel est que cet enseignement permette de former, entre autres, des personnes désireuses d'être imams et des responsables du culte musulman qui deviennent avec l'expérience et leur dévouement personnel de véritables ulémas de France.

Le siège de cet enseignement devrait être à Paris et non à Strasbourg comme l'envisagent certains. Le statut de l'Alsace-Moselle est exceptionnel et appelé à disparaître. À Paris en revanche nous pourrions ménager la possibilité au conseil pédagogique de cet Institut de remplir son rôle de représentation savante de l'islam. Il aurait la double tâche, d'une part, de veiller sur le programme et le niveau de l'enseignement et, d'autre part, de répondre aux demandes d'information sur l'islam et de servir de conseiller compétent au gouvernement et aux diverses autorités politiques ou intellectuelles du pays.

Quatrième Partie

NOTRE AMIE L'ÉGLISE

CHAPITRE PREMIER

Du prosélytisme au dialogue

On ne saurait évoquer l'islam en France sans traiter des relations islamo-chrétiennes. Car si la laïcité est l'intelligence de la France, le christianisme demeure son âme et son esprit. De plus, un dialogue franc et bienveillant de bonne volonté s'est engagé, depuis vingt ans, entre chrétiens et musulmans de France. Ce dialogue n'a pas encore porté ses fruits. On constate, au contraire, une montée de la méfiance communautaire et une aggravation du sentiment de rejet de part et d'autre. Ce qui exige peut-être qu'on envisage un dialogue renouvelant ses méthodes, loin de la langue de bois.

L'hostilité originelle entre l'Église et l'islam ne résulte pas seulement d'une disparité de dogmes ou d'une opposition d'enseignements. Elle est surtout le résultat de treize siècles de conflits. L'histoire de la Méditerranée est faite de conquêtes et de reconquêtes, où calottes et turbans se disputent la tête des hommes.

Aujourd'hui, la laïcité a-t-elle vraiment la possibilité de dissiper ces malentendus ? Je crois que oui. Mais la laïcité n'intervient pas directement. La laïcité, principe de non-ingérence, n'oblige pas les religions à s'entendre, et les lois laïques ne mentionnent nulle part le dialogue ou la rencontre interreligieuse. Seule l'expérience d'une vie laïque favorise cette entente. Lorsque les religions sont privées de leur pouvoir séculier, c'est l'instinct de sociabilité qui l'emporte. Les Églises qui se côtoient et partagent la même cité nouent inévitablement des relations du moins courtoises, pour coexister pacifiquement.

L'Église et l'islam en France bénéficient de cette atmosphère propice à l'entente, et ont même entamé le dialogue des braves.

Malgré cette bonne volonté, le dialogue n'en est qu'à ses balbutiements. Plusieurs questions demeurent sans réponse : la première concerne le prosélytisme. Comment dialoguer avec celui qu'on a toujours tenté de convertir ?

Certes, le mot prosélytisme est banni dans le langage de toutes les Églises, et les religieux confirment que l'heure est au dialogue, mais cette prise de position relève plus d'un souci de modération que d'une recherche théologique. De plus, elle n'est pas tout à fait ancrée dans la réalité : la concurrence entre la mission et la *da'wa* (invitation à la foi musulmane), notamment en

Afrique et en Asie, est parmi les points les plus sensibles entre l'Église et l'islam au niveau international.

Le fondement théologique du dialogue

Jadis, la relation d'un croyant avec celui qui ne professait pas sa foi, était, dans le meilleur des cas, habitée par le désir de le convertir. Ce désir se justifie, et peut même relever d'un noble sentiment. C'est la générosité de l'homme qui le pousse à partager ce qu'il a de plus cher. Lorsqu'on est touché par une symphonie ou par une poésie, on aimerait communiquer à d'autres la sensation qu'elle nous procure. Ce besoin s'affirme à plus forte raison dans le domaine des idées et des convictions.

Porteur d'un message, le croyant a, par définition, « quelque chose à transmettre ». Contester cette vocation à la croyance, c'est contester la croyance elle-même. Cependant, laisser libre cours au prosélytisme, c'est créer au sein d'une même société des groupes de pression qui intimident ou qui se heurtent.

Mon analyse se borne, bien entendu, à deux volontés d'expansion, celle du christianisme et celle de l'islam. Car l'accord ou le désaccord entre ces deux grandes religions déterminera l'avenir de notre planète, et servira d'exemple aux autres religions.

Les chrétiens de toutes Églises confondues lisent dans l'Évangile les recommandations du Christ :

> De toutes les nations, faites des disciples. (Matthieu, ch. 28, v. 19.)
> Allez par le monde entier, proclamez la Bonne Nouvelle à toute la création. (Marc, ch. 16, v. 15.)

Ce sont des versets explicites que tout homme qui se dit chrétien, est tenu d'observer. Mais les musulmans lisent dans le même temps dans le Coran :

> Dis : O vous les hommes, je suis l'Envoyé de Dieu vers vous tous... (Verset 158 de la sourate 7.)
> Et nous ne t'avons envoyé que pour l'ensemble de l'humanité, afin d'annoncer et d'avertir... (Verset 28 de la sourate 4.)

Le Prophète a dit :

> Transmettez mon message, même s'il ne s'agit que d'un seul verset [1].

C'est pour cela que le musulman pense que sa mission n'est pas accomplie tant qu'il y a sur cette terre des hommes qui ne connaissent pas le message de l'islam.

Cela est positif, les textes montrent que le christianisme et l'islam ne sont pas des religions rela-

1. Al-Bukhârî, « al-anbiyâ' », ch. 50.

tives à des ethnies ou relevant exclusivement de l'identité d'une nation précise. Cependant, il y a une difficulté. Le christianisme comme l'islam, chacun de son côté, estiment que leur message suffit à lui-même et n'éprouvent pas le besoin d'un complément en provenance d'une autre tradition. L'appel de l'islam concerne le monde entier, chrétiens compris, et l'appel du christianisme touche toute l'humanité, musulmans inclus. Chacune des deux religions se dit universelle. Y a-t-il donc un universel de trop ?

Que font-ils alors, chrétiens et musulmans, qui parlent aujourd'hui d'entente et d'amitié ? Renoncent-ils à leur mission textuellement prescrite ?

Vont-ils encore se battre ? Ils l'ont déjà fait sans obtenir aucun résultat. Les deux groupes, au contraire, perdraient de vue la communication de leur message et même le trahiraient. Car ni amour évangélique, ni miséricorde coranique, ne se transmettraient ; et l'islam demeurera toujours là, et le christianisme ne disparaîtra pas. Ils ne feraient que fournir encore les preuves que les religions sont facteurs de guerre et moteurs de génocides.

L'issue de ce dilemme apparent se trouve dans les textes eux-mêmes. Mais il faut les relire intégralement pour que l'exégèse se fasse d'elle-même. Lorsque nous intégrons les droits de l'homme, notamment la liberté religieuse, dans la morale et le raisonnement en matière de sociabilité, notre lecture des textes change sensiblement et se libère d'une vision dictée par les raisons d'une époque qui n'est plus la nôtre.

Il est vrai que ces deux textes fondateurs recommandent la transmission de leur enseignement. Mais ces recommandations ne signifient pas qu'il faille interdire toute parole sauf celle qui nous semble vraie, contrairement à ce que préconise le droit musulman élaboré en un temps où la vision du monde était différente de celle d'aujourd'hui ; et contrairement à la conception de la Chrétienté de jadis, où le non-baptisé, voire le non-apostolique et romain, n'avait dans le meilleur des cas qu'un choix : le baptême ou le bateau.

Que disent les textes ?

Au moment où le Christ dit à ses disciples : « Faites des disciples », il leur précise :

> En entrant dans la maison, saluez ceux qui l'habitent, si cette maison en est digne, que votre paix vienne sur elle. Si elle n'en est pas digne, que votre paix retourne vers vous. Si l'on refuse de vous accueillir et d'écouter vos paroles, sortez de cette maison ou de cette ville, en secouant la poussière de vos pieds... (Matthieu, ch. 10, v. 13 et 14.)

Au moment où le Coran ordonne au Prophète, et par extension à tout musulman, de diffuser le message à l'humanité entière, il lui explique comment l'annoncer :

> Appelle [les hommes] à rejoindre le sentier de ton Seigneur par la sagesse et la délicate exhortation et discute avec eux d'excellente

> façon, car ton Seigneur sait mieux [que toi] celui qui dévie de son sentier et sait le mieux ceux qui suivent le droit chemin. (Verset 125 de la sourate 16.)
>
> Tu ne guides pas celui que tu veux, mais Dieu guide qui Il veut, Il connaît mieux [que toi] les bien guidés. (Verset 56 de la sourate 28.)

Les Textes sont clairs. Dieu recommande de faire connaître aux hommes Son chemin. Il ne dit pas : obligez-les à le suivre ! Dieu parle de paix et de sagesse. Il ne parle ni de contrainte, ni de pression.

« Transmettre le message » à celui dont on respecte la conscience et qu'on écoute avec attention, n'est-ce pas le « dialogue » ? Le croyant, musulman ou chrétien, n'a que le dialogue respectueux comme moyen de communiquer avec l'autre.

Le dialogue islamo-chrétien

En France, le dialogue islamo-chrétien est en fait islamo-catholique. Le dialogue entre musulmans et protestants ne se fait que d'une manière partielle et individuelle. Il est vrai que, depuis quelques années, la Fédération des Protestants de France a mis en place la Commission Église-Islam et a désigné Slimane Boukhechem, un Pasteur d'origine algérienne, pour organiser le dialogue avec les musulmans. Cette nomination est peut-être le début d'une intégration officielle du protestantisme dans le dialogue islamo-chrétien.

Quant au dialogue entre catholiques et musulmans, il est une coutume établie. L'Épiscopat français l'a institutionnalisé avec la création, il y a plus de vingt ans, du Secrétariat des Relations avec l'Islam (SRI).

Malgré une certaine expérience, notamment à Paris, lieu pionnier de la rencontre interreligieuse, une base commune pour le dialogue fait encore défaut, ainsi qu'un examen qui va au fond des choses, loin des échanges de compliments et des déclarations d'amitié. Au pire, si l'on ne prépare pas cette base, telle une charte approuvée par les deux parties, et si l'on ne précise pas des objectifs clairs et partagés, le dialogue pourrait être vu comme un moyen courtois mais sournois d'échanges d'informations entre des éclaireurs rivaux ayant chacun pour mission d'estimer la force de l'autre.

Le dialogue doit passer par ces trois étapes :

— la reconnaissance de l'identité religieuse de l'autre,

— l'examen des divergences doctrinales,

— le recensement des préjugés d'une communauté vis-à-vis de l'autre.

Reconnaître l'autre dans son identité religieuse

Pour les musulmans, la reconnaissance du christianisme remonte au Coran. Plus encore, la foi du musulman n'est pas entière s'il ne croit pas à l'existence réelle du Christ et à la pureté et l'authenticité de son enseignement, poursuivi par ses disciples *al-Hawâriyyûn*, les apôtres. Le musulman croit à la sainteté et à la virginité de Marie.

C'est pour cela que j'observe avec amusement les théologiens chrétiens qui remettent en cause le mystère de la virginité de Marie. Ils oublient qu'outre les chrétiens, ils auront ensuite un milliard de musulmans à convaincre...

Certes, les musulmans rejettent un certain nombre de dogmes catholiques, mais ils pensent qu'ils sont le fruit d'une élaboration faite au cours de l'Histoire et ne découlent pas directement de l'enseignement de Jésus. L'essentiel est que le Coran reconnaisse les chrétiens et qu'il les invite avec les juifs à un « dire commun » :

> Dis : « Ô gens du Livre, venez à un dire commun entre nous et vous, que nous n'adorions que Dieu, sans rien lui associer, que nul d'entre nous [les humains] ne prenne d'autres [humains] pour seigneurs, en dehors de Dieu ». S'ils se détournent (c'est-à-dire s'ils ne veulent pas dialoguer) dites : « Soyez

témoins que nous sommes soumis [à Dieu]. » (Verset 64 de la sourate 3.)

Ce même verset qui invite les juifs et les chré tiens à la rencontre, reconnaît l'identité et l'auto nomie des uns et des autres, en des termes neutres et respectueux.

Si le Coran ne reconnaît pas le dogme chrétien et n'adhère pas complètement à l'enseignement juif, il ne met pas systématiquement en cause la bonne foi des juifs et des chrétiens. Au contraire, les justes et les pieux parmi eux seront auprès de Dieu, et leur salaire ne sera pas négligé. Le Coran dit :

> Ceux qui croient, les juifs, les chrétiens, et les sabéens – quiconque croit en Dieu et au Jour dernier, et fait œuvre bonne, – pas de crainte sur eux et ne seront point affligés. (Verset 69 de la sourate 5.)

Mais, durant quatorze siècles, la reconnaissance du christianisme, notamment, est restée unilatérale et boiteuse, puis oubliée par les musulmans à cause des conflits qui les ont opposés aux chrétiens, conflits impériaux, plus que religieux.

Aujourd'hui, grâce à la conception de la société moderne, laïque et pluraliste, l'atmosphère entre ces deux religions s'est améliorée. De plus l'Église catholique manifeste la volonté d'entamer un dialogue avec l'islam. Depuis 1965, l'Église semble même reconnaître l'islam en tant que voie pour le Salut et surtout, elle reconnaît la sincérité pieuse des musulmans.

> L'Église regarde aussi avec estime les musulmans, qui adorent le Dieu Un, vivant et subsistant, miséricordieux et tout-puissant, créateur du ciel et de la terre, qui a parlé aux hommes. Ils cherchent à se soumettre de toute leur âme aux décrets de Dieu, même s'ils sont cachés, comme s'est soumis à Dieu Abraham, auquel la foi islamique se réfère volontiers. Bien qu'ils ne reconnaissent pas Jésus comme Dieu, ils le vénèrent comme prophète; ils honorent sa mère virginale, Marie, et parfois même l'invoquent avec piété. De plus, ils attendent le jour du jugement où Dieu rétribuera tous les hommes ressuscités. Aussi ont-ils en estime la vie morale et rendent-ils un culte à Dieu, surtout par la prière, l'aumône et le jeûne[1].

En octobre 1965, le Concile Vatican II a voté une déclaration à propos des relations avec les religions non chrétiennes, particulièrement avec l'islam. L'Église exhorte les chrétiens et les musulmans à oublier les nombreuses dissensions et inimitiés qui se sont manifestées entre eux au cours des siècles passés :

> Si, au cours des siècles, de nombreuses dissensions et inimitiés se sont manifestées entre les chrétiens et les musulmans, le Concile les exhorte tous à oublier le passé et à s'efforcer sincèrement à la compréhension mutuelle, ainsi qu'à protéger et promouvoir ensemble,

---

1. Déclaration « Nostra Aetate » *in* Vatican II, *Les seize documents conciliaires*, Ed. Fides, Montréal et Paris, 1967, p. 551.

> pour tous les hommes, la justice sociale, les valeurs morales, la paix et la liberté [1].

Aujourd'hui, la reconnaissance devrait être mutuelle.

Paradoxalement, ce sont les musulmans qui se voient dépassés. Alourdis par un patrimoine touffu et complexe, ils n'arrivent pas à mettre au jour l'appel coranique qui les incite à dialoguer avec les chrétiens. Ce patrimoine splendide et fastueux cache toutefois ce que le Coran voulait exprimer comme message initial. À cela s'ajoute l'absence d'un clergé compétent et incontesté dont les prises de position engageraient tous les musulmans.

Discerner les points de divergence

Je pense qu'après l'obtention de la reconnaissance mutuelle et l'affirmation du respect réciproque, il faut commencer par mettre en évidence les points de divergence. Si nous sommes autour d'une table, c'est que nous voulons nous entendre sur des points litigieux, soit pour les supprimer, soit pour les accepter.

Celui qui soutient que l'islam n'est qu'une simple continuité du christianisme ne connaît pas ces deux religions, ou n'en connaît qu'une. L'islam met en cause une grande partie des dog-

1. *Idem.*

mes des Églises chrétiennes actuelles, et le christianisme ne reconnaît aucune autre Révélation en dehors de la lignée biblique de l'Alliance, qui se clôt avec Jésus. Certes, l'islam et le christianisme ont la même origine, et sont inspirés par un esprit identique, mais, en dépit de tous les efforts pour les rapprocher, ils restent deux.

Le dialogue des communautés

La France compte nombre de personnalités qui ont fait carrière dans la rencontre islamo-chrétienne. Mais les communautés se rencontrent-elles pour autant ?

D'un rang très élevé, le « dialogueur » n'a ni préjugés, ni méfiance à l'égard de son interlocuteur. Il est capable de le comprendre et d'entrer avec lui dans une relation d'amitié très forte. Cette amitié, noble en soi, cache toutefois un état d'esprit sous-jacent dans les communautés, et dès lors le dialogue ne reflète guère la réalité vécue. À force de se rencontrer les « dialogueurs » forment une classe distincte, voire déconnectée des deux communautés.

À Paris, de nombreuses associations comme la Fraternité d'Abraham, la Conférence mondiale, le GRIC, l'ADIC, le GAIC, etc., recrutent tous plus ou moins les mêmes personnes. L'ensemble forme le « Tout-Paris islamo-chrétien » dont les membres appartiennent à cette classe plus qu'à leurs communautés respectives. Ce sont toujours les mêmes personnes qui se transportent là où il y a une manifestation interreligieuse.

Après chaque réunion, les personnalités qui dialoguent publient des déclarations, avec l'espoir de diffuser auprès de leurs communautés les accords conclus. Malheureusement leurs déclarations restent sans lendemain.

La démarche inverse me semble plus efficace. Avant que le « dialogueur » soit l'émissaire de paix dans sa propre communauté, il doit jouer son rôle d'ambassadeur de sa communauté auprès des instances du dialogue ; il reflète ses soucis et fait état de ses attentes ; quitte à gêner, quitte à alourdir l'atmosphère ; le rôle de celui qui dialogue n'est pas une tâche aisée, et la seule bonne volonté ne suffit pas pour dépasser les difficultés fondamentales.

CHAPITRE II

Pleurs et grincements de dents

L'absence d'un clergé en islam nuit à une unité de vision chez les musulmans face aux problèmes issus de la cohabitation communautaire, et rend l'expression musulmane disparate et incohérente. Chaque musulman ressent les problèmes selon ses états d'âme et chacun réagit en fonction de ses préoccupations tant spirituelles qu'intellectuelles. Dans le dialogue, la voix musulmane se perd dans la cacophonie.

Faute de clergé, la seule autorité en islam demeure le Coran, c'est-à-dire un texte interprétable qui autorise une liberté de lecture. Parfois même, par subjectivité, certains musulmans effectuent des choix où l'on ne retient que les versets qui appuient la tendance préalablement établie, ou qui justifient les préjugés.

Si l'on prône l'enfermement et le repli sur soi, on lance :

> Jamais les juifs, ni les chrétiens ne seront satisfaits de toi jusqu'à ce que tu suives leur voie. (Verset 120 de la sourate 2.)

Si l'on est homme d'ouverture et de dialogue, on cite :

> ... Tu constateras que les hommes les plus proches par l'amitié sont ceux qui disent « Oui, nous sommes chrétiens ! » parce qu'on trouve parmi eux des prêtres et des moines qui ne s'enflent pas d'orgueil. (Verset 82 de la sourate 5.)

Nous pouvons nous interroger sur cette intervention humaine sélective. Comment l'homme détourne pour sa cause des textes censés le transcender !

Cette intervention humaine est la marge de souplesse qu'offre le Coran, afin qu'il s'adapte à la condition changeante de l'homme. Ce ne peut être, normalement, un prétexte pour manipuler le Coran.

Le Coran parle de *al-ma'rûf*, c'est-à-dire le bien humainement reconnu. C'est justement ce *ma'rûf*, qui doit baliser la démarche de tout exégète. Il existe en effet des versets qui recommandent la prudence à l'égard des chrétiens et des juifs, pour des raisons aussi dogmatiques que circonstancielles. En effet, les chrétiens ne sont pas toujours ni tous à l'image du Christ.

La crainte de faire craindre

La grande peur des musulmans est que leur religion soit une source de crainte pour les non-musulmans. Une partie importante des chrétiens ont peur de l'islam. Cette crainte ne vient pas de leur statut de chrétiens, mais simplement de leur qualité de Français. Comme beaucoup de Français, ces chrétiens méconnaissent l'islam et voient en lui un envahisseur. Cette tendance ne s'oppose pas ouvertement aux musulmans ; charité chrétienne et Vatican II obligent. Mais on ne manque pas de rappeler que la France, de par son histoire, était la fille aînée de l'Église ; sa morale, sinon sa religion, est chrétienne.

Cette référence au christianisme ne dérange aucun musulman sensé et éclairé. C'est une vérité historique doublée d'une réalité quotidienne. Ce qui fait la France n'est pas seulement un corpus juridique et un ensemble de réglementations institutionnelles, mais une culture avec un système moral, enrichi par une histoire ininterrompue.

Jésus, source de cette morale, est l'exemple parfait de l'acceptation de l'autre, lui qui allait vers les exclus, lui qui parlait et mangeait avec eux, malgré les interdits de la structure religieuse de l'époque. Les Évangiles synoptiques rapportent que le Christ dira aux nations rassemblées le jour dernier :

> ... J'ai eu faim et vous ne m'avez pas donné à manger, j'ai eu soif et vous ne m'avez pas donné à boire, j'étais un étranger et vous ne m'avez pas accueilli...
>
> ... Alors ceux-ci lui demanderont à leur tour : Seigneur quand nous est-il arrivé de te voir affamé ou assoiffé, étranger...
>
> ... Alors il leur répondra : en vérité je vous le dis, dans la mesure où vous ne l'avez point fait à un de ces petits, à moi non plus vous ne l'avez pas fait... (Mt 25-42, 47.)

Si la morale chrétienne considère l'accueil de l'étranger comme l'accueil même du Christ, et voit l'amour de l'autre comme l'amour même de Dieu, le musulman ne peut que reconnaître l'origine divine de cet enseignement et y adhérer totalement.

L'origine chrétienne de la France ne doit ni gêner les musulmans, ni inciter les chrétiens à craindre l'islam. Si crainte il y a, sa source est ailleurs.

La crainte du dialogue lui-même

L'islam en France, comme partout dans le monde, est en pleine mutation. Cependant une question se pose à l'Église : avec qui dialoguer ? Un dialogue mettant en prise des partenaires musulmans selon un critère de modération, voire de modernité, peut-il survivre à la langue ?

Les musulmans lettrés ou appartenant au

milieu académique ne sont pas, aux yeux de beaucoup de chrétiens, représentatifs, et sont même soupçonnés d'occidentalisation.

Ainsi l'hésitation de l'Église à identifier son interlocuteur contribue indirectement au désarroi de l'islam en France et empêche son évolution positive.

Pire encore. Certains musulmans craignent que le dialogue islamo-chrétien devienne un outil de légitimation aux mains de l'Église, capable de bouleverser les équilibres au sein de la communauté musulmane.

L'Église de France est une institution hiérarchisée, discrète et très organisée, alors que les conflits entre musulmans défrayent la chronique. Les musulmans, devant l'Église, sont comme une mosaïque en mouvement, tellement en mouvement qu'on n'a même pas le temps de s'habituer à la fresque. À cause de ce contraste, et malgré une volonté partagée, c'est l'Église catholique qui mène le dialogue, rarement les musulmans. Et comme on n'est reconnu que par l'autre, l'Église est consciente que lorsqu'elle dialogue avec une fraction ou une personne musulmane, elle la légitime par rapport à ses coreligionnaires rivaux. Certes, l'Église n'est pas responsable de la division des musulmans, mais elle peut la maintenir de cette manière.

L'Église reconnaît la valeur de certains musulmans ouverts et soucieux d'une convivialité intercommunautaire, mais elle leur dit : « vous n'êtes pas les seuls ». Elle les invite au dialogue, au même titre que leurs opposants. Ainsi, le dialogue devient islamo-islamique et les musulmans dialogueurs se neutralisent et s'affaiblissent mutuellement. L'Église cependant se désole devant cette interminable division.

L'Église catholique de France professe aujourd'hui, sans ambiguïté, « une laïcité ouverte », théorisée et réfléchie par de grands penseurs chrétiens comme Paul Poupard ou Henri Madelin. Il est évident que les musulmans qui réfléchissent la laïcité dans ce sens bénéficient d'un regard bienveillant de l'Église.

Dans le même temps, des prêtres font la promotion de certains musulmans versés dans un islam fanatisé. On dirait que ces derniers servent à maintenir l'équilibre entre les antagonistes dans la communauté musulmane, de sorte que personne ne l'emporte, ni laïque ni fanatique. L'Église ne souhaite pas, bien entendu, voir en France un islam fanatique, menaçant et agresseur, mais on pourrait croire que l'émergence d'un islam de France, républicain et partenaire de plein droit, ne plaise pas à certains prélats.

Certains chrétiens sont plus à l'aise face à un islam obscurantiste que devant un islam intelligent qui refuse toute tutelle. Le premier ne présente aucun danger; il est contestable à tout moment. Bien au contraire il rassure et confirme le bon choix chrétien, devant lequel la charité ne chôme pas. On soulage sa souffrance et on l'aime profondément de la même manière dont Mgr Lavigerie a soulagé et aimé les pauvres et les orphelins d'Algérie.

Un dialogue qui choisit ses interlocuteurs

D'éminents catholiques versés dans les sciences islamiques et dont l'avis fait autorité, manifestent en matière de dialogue une curieuse position.

Roger Arnaldez [1], après avoir démontré la difficulté, voire l'impossibilité de dialoguer avec l'islam tel qu'il se présente aux chrétiens, ouvre tout de même une brèche d'espoir si l'on respecte certaines conditions :

> Il [le dialogue] s'enrichira s'il accueille les mystiques musulmans chez qui il peut trouver des points de contact non négligeables [2].

Maurice Borrmans, célèbre arabisant et islamologue de l'Institut Pontifical d'études arabes et islamiques à Rome (PISAI), déclare, quant à lui, que :

> ... Le dialogue inter-religieux peut venir aider les « spirituels » [les soufis] à oser interpeller les autres en les invitant à faire leur « relecture » de l'islam violent des origines [3]...

1. Islamologue de renom et ancien professeur à la Sorbonne.
2. Roger Arnaldez, «*La logique formelle...*», *in* Annie Laurent, *op. cit.*, p. 136.
3. Maurice Borrmans, « Le djihad », *in* Annie Laurent, *op. cit.*, pp. 78-79.

Les soufis occupent, bien entendu, une place respectable dans l'*Umma*, mais ils sont loin d'avoir un grand poids dans l'Islam. Quand on veut dialoguer avec l'islam, il faut viser sa version majoritaire, bonne ou mauvaise, et s'adresser aux groupes dominants, sunnites et chiites. On ne choisit pas son interlocuteur sauf à s'intéresser à sa représentativité. Préférer telle ou telle tendance, parce qu'elle est plus proche du christianisme, ne serait pas du dialogue islamo-chrétien, mais la recherche d'une affinité purement chrétienne.

Si, lorsqu'ils veulent s'ouvrir aux chrétiens, les musulmans effectuaient eux aussi un tri en ne s'adressant, par exemple, qu'à des évangélistes qui, comme eux, sont plus versés dans l'étude directe et concrète du texte, ou parce qu'ils ne reconnaissent pas l'autorité papale, est-ce que ce serait du dialogue ?

Un dialogue à sens unique

L'Algérie vit depuis quelques années une barbarie inqualifiable. Et le peuple algérien, à grande majorité musulmane, est l'otage d'un carnage fou et aveugle qui ne sert aucune cause.

Les musulmans sont effrayés comme tout le monde par l'assassinat d'innocents, mais leur effroi se double lorsque ces crimes sont commis au nom de leur religion.

Les musulmans de France n'ont jamais été aussi attristés, aussi confus, qu'au moment de l'assassinat des sept moines en Algérie. Au son du glas qui les hantait et qui désignait implicitement leur religion comme coupable de cette tragédie, ils entendirent les déclarations de Mgr Lustiger, diffusées tous les quarts d'heure sur *France info*. Le cardinal invitait « tous les musulmans à chasser la haine de leur cœur ».

Quand bien même l'assassin se réclame de l'islam, il n'est jamais identifiable par sa religion, au risque de tomber dans des généralisations simplistes et dangereuses, qui divisent les peuples. Il est le criminel, c'est tout.

Quelques semaines plus tard, les forces du mal et de la folie, dans leur série meurtrière, frappent encore et assassinent Mgr Pierre Claverie, évêque d'Oran.

Là encore, les musulmans sont surpris par une autre déclaration du cardinal Lustiger, qui invite cette fois les autorités coraniques à rappeler aux musulmans « que ce n'est pas en tuant les chrétiens que l'on fait triompher l'islam ! ». Comme s'il s'agissait d'une guerre déclarée par l'islam contre le christianisme ! Mgr Lustiger ne sait-il pas que les premières victimes de ce carnage sont des musulmans eux-mêmes ?

En parlant ainsi, le cardinal ne risque-t-il pas de réaliser l'objectif même des meurtriers qui est de briser les liens entre les communautés et d'instaurer la haine ?

À quoi sert le dialogue islamo-chrétien si ce

n'est à dissiper les amalgames et pourfendre les idées fausses ? Quelle est l'utilité de cette rencontre interreligieuse tant voulue par l'Église, si des dignitaires de cette même Église sont autant les victimes que les faiseurs d'amalgames ?

Deux livres, parus dernièrement, sont très critiques à l'égard de l'Église catholique qu'ils veulent stimuler. Le premier, *Vivre avec l'islam ? Réflexion chrétienne sur la religion de Mahomet*, est un recueil de plusieurs entretiens et articles, réunis par la journaliste Annie Laurent. Le second est *Trois tentations dans l'Église*, écrit par l'historien Alain Besançon. L'islam, religion d'un milliard d'hommes, y est impudemment dénigrée. Les auteurs ont diabolisé l'islam pour s'en servir comme d'un aiguillon afin de réveiller le catholicisme français laxiste et démissionnaire face à cette religion. Ces deux ouvrages ne se limitent pas à alarmer l'opinion chrétienne sur l'idée que l'islam est sur le point d'étouffer le christianisme sur ses propres terres. Mais ils vont jusqu'à l'essence de la religion musulmane pour la décortiquer et la décrire comme la négation même de l'humanité. Le dialogue islamo-chrétien est présenté comme la faillite même de l'Église.

J'attendais des institutions catholiques, notamment du Secrétariat des Relations avec l'Islam (SRI), une réaction ou une mise au point, comme il a l'habitude de le faire dans sa *Lettre* lors de la parution d'un livre qui traite de l'islam en France. Il n'y a eu de leur part que des notes internes, et des prudences pour ne pas provoquer une partie de l'Église déjà critique à l'égard du rapprochement avec l'islam. Ces prudences s'apparentent à une attitude politicienne qui cherche à flatter l'opinion publique au lieu de l'orienter. Or le religieux n'est pas politique, il ne possède que le verbe. Son rôle est de le dire, sans s'attendre à récolter des bons points.

L'Église, lorsqu'elle dialogue avec les musulmans, met en avant l'enseignement de l'Évangile, de Vatican II et la rencontre d'Assise. Elle devrait, à mon avis, insister sur ce même enseignement auprès des chrétiens.

L'exigence d'une réciprocité

Les responsables de l'Église de France, souvent interrogés par les journalistes ou par les hommes politiques sur la construction des mosquées, reconnaissent que les musulmans ont le droit d'avoir des lieux dignes pour prier. Mais conditionnent leur soutien à une clause étrange, « la réciprocité ». C'est-à-dire que si les musulmans veulent exercer leur culte en France, ils doivent en même temps permettre aux minorités chrétiennes d'exercer le leur dans des régions musulmanes, comme l'Arabie Saoudite et le Soudan notamment !

Si les chrétiens sont victimes d'une intolérance dans un pays musulman, il faut condamner les coupables au nom d'une justice universelle, et non pas au nom d'un face-à-face religieux qui divise la planète. Répondre au mal par le mal, ce n'est pas de la justice, mais de la vengeance, digne des sociétés les plus primitives.

Celui qui appelle à la justice doit donner l'exemple d'une attitude juste ; et Rabaut Saint-Étienne avait dit :

> Ne permettez pas que l'on vous cite l'exemple de ces nations encore intolérantes qui proscrivent votre culte chez elles. Vous n'êtes pas faits pour recevoir l'exemple mais pour le donner [1].

Chrétiens et musulmans doivent s'unir pour combattre l'intolérance d'où qu'elle vienne, et là où elle se trouve, et le poète arabe a dit :

> Les épreuves unissent les éprouvés.

La christianisation de Dieu

Certains prêtres affirment que « le Dieu des musulmans n'est pas celui des chrétiens », ce qui rassure les fidèles qui ont peur de l'islam.

Si ces prêtres veulent embellir l'image de Dieu, c'est leur droit, mais ils n'ont pas à le faire au détriment de la vérité.

1. Cité par Jeanne-Hélène Kaltenbach, *Être protestant en France aujourd'hui*, Ed. Hachette, Paris, 1997, p. 216.

Ainsi, l'islamologue chrétien Roger Arnaldez décide de sortir de sa réserve de spécialiste et de *mettre sa science au service de son intelligence et de sa foi.* Par le biais d'une « logique formelle », il prouve que le Dieu des musulmans n'est pas et ne peut être le Dieu auquel croient les chrétiens [1].

Il me semble absurde, sur le plan tant logique que théologique, de dire que nous n'avons pas le même Dieu. Il faut peut-être dire que nous n'avons pas la même conception de Dieu ; ou que nous n'avons pas la même approche de la divinité, mais Dieu demeure pour les monothéistes et pour les déistes en général, le seul Maître de tous. Dieu n'est ni musulman ni chrétien ; ce sont ces deux peuples qui Le sollicitent et se réclament de Lui.

Je dis à ces chrétiens que « mon Dieu est l'Être qui les a créés » et je les laisse faire l'exégèse de cette phrase.

Beaucoup de ces chrétiens trouvent un nom bien approprié pour désigner le Dieu musulman : Allah. Ainsi un journaliste de *La Croix* a affiché comme titre de son article, qui commente une manifestation islamo-chrétienne : « Se rencontrer au nom de Dieu et d'Allah » [2], ce qui laisse à penser qu'il y a là deux dieux.

« Allah, le dieu des musulmans » est une sentence qui induit en erreur le lecteur non averti.

---

1. Roger Arnaldez, « Réflexion sur le Dieu du Coran du point de vue de la logique formelle », *in* Annie Laurent, *Vivre avec l'islam,* Ed. Saint-Paul, Versailles, 1996, pp. 130-137.
2. *La Croix,* 10-11 novembre 1993.

Elle équivaut également à « Dieu, le dieu des Français » ou « God, le dieu des Anglo-Saxons » !

Le mot *Allâh* relève de la langue arabe et non de la religion musulmane. Le mot *Allâh* n'est pas une invention coranique, mais le nom de Dieu chez les Arabes, bien avant l'islam. Ainsi, le nom du père du Prophète est « Abd-**Allâh** » (adorateur de Dieu), mort quelques mois avant la naissance de Muhammad, donc avant l'avènement même de l'islam.

Les poètes arabes, d'avant l'islam, de religions juive, chrétienne ou polythéiste, font référence à Dieu en le nommant Allâh.

Un siècle avant l'islam, al-Nâbigha al-Dhubyânî, poète de la Cour des Manâdhira, a dit au roi chrétien al-Na'mân ibn al-Mundhir :

> *Halaftu fa lam 'atruk li nafsika raybatan*
> *Wa laysa warâ'a* Allâh *li al mar'i madhhabu*
> J'ai juré, pour ne laisser dans ton esprit, aucun doute.
> Et il n'y a au-delà de Dieu, pour l'homme, de direction.

Les chrétiens arabes, et cela depuis la période pré-islamique, invoquent *Allâh* dans leurs églises, et lisent l'Évangile selon saint Jean qui commence par :

> *Fi al bad'i kâna al kalima,*
> *wa al kalima kâna ladâ* Allâh,
> *wa al kalima kâna* Allâh.
> Au commencement était le Verbe,

et le Verbe était avec Dieu,
et le Verbe était Dieu.

Le Coran ne cherche pas à prouver aux hommes l'existence de Dieu. Il les invite seulement à croire en l'unicité du Dieu d'Abraham, des juifs et des chrétiens, et à faire de belles œuvres en Son nom.

Le catholicisme, une école pour l'islam

Certains chercheurs[1] constatent que l'Église catholique de France, « grâce » à la présence de l'islam, s'est rapprochée de l'État. Elle a même acquis une place d'intermédiaire entre l'État et la communauté musulmane.

L'Église se révèle beaucoup plus avancée dans la connaissance de l'islam et de ses adeptes que l'État lui-même. C'est elle qui a découvert, avant l'État, les enjeux du vécu musulman en France, et c'est elle qui a saisi le mieux les subtilités de la théologie musulmane.

L'Église avait en effet une longue tradition d'accueil avant même l'arrivée des musulmans, ainsi qu'une expérience missionnaire en pays d'islam. De plus, elle a un intérêt émanant de sa propre préoccupation idéologique qui fait qu'elle

1. Comme Claire de Calembert dans son article « Intégration des musulmans en France et en Allemagne, le poids de l'intermédiaire catholique » *in Problèmes d'Histoire des religions*, édité par Alain Dierkens, Ed. de l'Université de Bruxelles, 1994.

est plus intéressée par la présence et l'évolution d'une religion de cette envergure.

L'Église devient alors proche de l'État grâce aux conseils éclairants et à la médiation utile qu'elle peut exercer entre les institutions politiques et les populations musulmanes.

On assiste donc au fait que dans un pays laïque une religion dépend, plus ou moins, du bon vouloir et de la charité du cœur d'une autre.

Plusieurs prêtres, notamment les islamisants connus pour leurs excellents rapports avec les musulmans, sont, en effet, souvent consultés par les municipalités et même par les ministères sur les questions qui concernent la religion musulmane.

Les institutions gouvernementales, de gauche ou de droite, préfèrent, et de loin, solliciter leur avis, plutôt que s'adresser directement à un musulman. L'invitation directe d'un musulman risque de paraître comme une caution accordée à lui et à sa tendance, dans un islam de France très divisé. Mais certains prêtres sont tellement proches de l'islam qu'ils ont, comme tout musulman, leur propre tendance et leurs propres préférences dans l'islam, qui se révèlent parfois extrémistes !

Il faut cependant avouer que personne n'a tort dans ces nouveaux rapports qui se dessinent entre État, Église et Islam. Le rôle de l'Église qui patronne la présence musulmane en France ainsi que sa médiation sont inévitables. Ce sont les aléas de l'histoire qui ont donné à l'Église cette prérogative qui ne découle d'aucun favoritisme délibéré.

Cette situation ne doit pas choquer les musulmans. Car si l'Église catholique comprend les musulmans et communique mieux avec eux que l'État, la même Église connaît davantage les rouages et les voies pénétrables et impénétrables de l'État. Les musulmans, en côtoyant les chrétiens dans la vie associative, apprennent l'essentiel de l'organisation sociale de la religion, et saisissent peu à peu les fonctionnements institutionnels. Ils découvrent aussi les droits d'une Église en France.

La présence massive des musulmans dans les structures d'accueil catholiques indique que la volonté de ces dernières est plus efficace que celle des organismes officiels. Il arrive assez souvent que les catholiques se trouvent minoritaires dans leurs propres structures !

Beaucoup de prêtres ont pris en charge une vraie intégration des musulmans par le biais de multiples actions humanitaires et d'aide morale. Faute d'« aumôniers musulmans », ce sont des catholiques qui soulagent les détenus de confession musulmane en leur apportant aide et écoute. Ces personnes représentent l'authentique morale chrétienne.

Conclusion

La laïcité, principe de justice et de modernité politique, ne se négocie pas ; elle s'impose à tout moment et à tout un chacun. En France, la laïcité s'identifie à un ensemble de textes juridiques, qui ont force de loi. Se soumettre à cette laïcité est lié au choix de vivre en France.

Paradoxalement, ce sont les musulmans de France qui réclament l'application de la laïcité, mais de toute la laïcité, c'est-à-dire même les droits qu'elle implique. Ils invitent les responsables politiques à être plus laïques encore, et à donner l'exemple de l'apprentissage de l'esprit républicain.

Quels sont alors les véritables problèmes ? Il y a d'une part la non-préparation théologique et civique d'un islam minoritaire autonome qui s'organise de lui-même ; d'autre part, la non-préparation psychologique de la France à accueillir définitivement une religion longtemps considérée comme lointaine.

L'islam rencontre en France plusieurs défis qu'il doit accepter et relever : une religion peut-elle vivre dans un cadre laïque, en toute indépendance de l'État ? C'est surtout à cette question que l'islam doit répondre, lui qui a l'habitude millénaire d'être géré et promu par une volonté étatique.

Le deuxième défi est décisif. L'islam a développé, jusqu'à présent, une théologie de religion majoritaire et souveraine sur ses terres. Comment doit-il aujourd'hui, et de surcroît en France, trouver les repères théologiques d'une religion minoritaire dans un cadre nouveau, où les religions coexistent sur un pied d'égalité ? Cette évolution nécessaire ne menace aucunement l'authenticité de l'islam. Le Coran lui-même invite les musulmans à renouveler leur interprétation des textes, et à les relire avec l'intelligence du siècle.

Tant que les musulmans n'adapteront pas leur théologie afin qu'elle épouse leur époque, ils vivront un décalage dangereux entre leur statut de citoyens et leur statut de croyants.

L'islam de France bénéficie d'une liberté introuvable dans les pays musulmans, et d'une atmosphère propice à la réflexion affranchie de toute manipulation politique ou de toute pression sociale. Les ingrédients sont réunis pour un grand débat qui se prépare autour du renouveau de l'islam et sa réforme. Ce débat doit demeurer dans un cadre islamo-islamique en dehors des institutions temporelles qui ne sont pas impliquées. Il y aura certainement des musulmans imprégnés d'une civilité universelle, soucieux de la réalisation d'une éthique humainement partagée, qui tenteront d'orienter le débat en ce sens.

Si, comme dans toute communauté, il existe des groupes qui, par fanatisme ou par manque de civisme, troublent l'ordre public, ce problème relève du droit commun. La loi est applicable à tous.

S'il faut condamner l'extrémisme religieux, il faut d'abord condamner ses motifs et les sources qui l'alimentent. Si nous agissons en bon médecin, nous nous interdirons de haïr le malade, mais seulement sa maladie. L'extrémisme religieux, qui contamine certaines couches musulmanes, notamment les jeunes, vient essentiellement de la non-reconnaissance de leur identité originelle, de la non-jouissance de leurs droits élémentaires et de l'absence d'une éducation religieuse intelligente et adaptée. L'islam est leur seule fierté, et lorsqu'on est fier d'une chose sans avoir la capacité de la comprendre et de l'expliquer, on a tendance à l'imposer ou la brandir tel un défi.

Outre le devoir de comprendre la situation de ces jeunes, nous devons agir. Dans un pays de liberté religieuse, ils ne bénéficient ni d'un enseignement religieux privé, ni d'aumônerie, ni d'institut pour former un personnel qualifié pour présenter et représenter correctement leur religion.

À cause de cet état de frustration conjugué à un archaïsme culturel, la mise en place d'une représentation musulmane est peu souhaitable pour le moment, même si cette représentation se veut démocratique. Car elle risque de refléter l'éclatement et la multiplicité des tendances qui traversent actuellement la communauté musulmane, allant de l'indifférence totale face à la vie cultuelle, à l'extrémisme religieux où l'islam devient une expression politique et une voie privilégiée de recrutement de militants galvanisés.

L'islam de France a un besoin urgent d'adaptation. Cela exige un travail civique et théologique mené par des compétences musulmanes responsables au charisme et à l'autorité propres à des personnalités religieuses et savantes. C'est un travail pédagogique et, en matière de pédagogie, la représentativité démocratique n'a aucun sens, car ce n'est pas l'élève qui élit le professeur ! Des textes coraniques vont dans ce sens et l'histoire de l'islam en témoigne.

Quant à l'organisation des affaires cultuelles, elle relève d'une réflexion juridique, menée par un groupe de musulmans et de non-musulmans, soutenue par une volonté politique. Les chantiers à ouvrir d'urgence sont les suivants :

1. Installation d'une Fondation

Cette institution a pour objectif de procurer les moyens financiers indispensables pour assurer l'autonomie du culte musulman en France par rapport aux pays étrangers, et de centraliser la gestion des affaires islamiques. Les ressources financières peuvent provenir de l'abattage rituel, du pèlerinage à La Mekke, de la toilette mortuaire, de la délivrance de tout acte religieux, des dons et legs, etc.

2. Mise en place d'un Institut de recherche et de formation

Une recherche théologique s'impose pour définir les spécificités d'un islam de France, dont les grands traits seront popularisés auprès des fidèles par la formation de cadres religieux : muftis, imams, gestionnaires de mosquées, catéchistes, etc.

3. Mise sur pied d'une représentativité

La reconnaissance d'une seule autorité religieuse devrait permettre d'unifier les prises de position religieuses ou politiques dans la communauté.

4. Définition du statut de l'imam

Nécessité de définir le statut des imams. Ils doivent être nommés par l'autorité à laquelle ils restent attachés, et cela par l'établissement d'un certificat religieux reconnu par les autorités publiques.

5. Organisation de l'aumônerie musulmane

Nomination d'aumôniers dans les armées, les prisons, les hôpitaux et les écoles par une autorité religieuse reconnue qui s'assure des tendances et des compétences des candidats.

6. Construction de mosquées

Il faut faciliter la construction de mosquées sur des terrains municipaux. De ce fait, les édifices demeureront propriété de l'État, gérés par des associations cultuelles musulmanes. Cette visibilité de l'islam met un terme à la frustration, et banalise la présence de l'islam aux yeux de l'opinion publique.

Il faut cesser de voir en cette religion une menace; cette position peut exacerber certains musulmans et susciter en eux le réflexe naturel de se renfermer pour se protéger. Pour briser cette terrible spirale de la méfiance mutuelle, la sagesse nous dicte qu'il faut encourager au maximum les rencontres permettant la connaissance puis la reconnaissance de l'autre dans sa différence, mais surtout dans sa ressemblance. Car il ne faut pas non plus accentuer les divergences, même dans un esprit de respect ou par ménagement. La différence entre musulmans et non-musulmans est insignifiante au regard de leur ressemblance en tant qu'êtres humains qui aspirent tous au progrès et à la justice. Ce qui lie les hommes dans leur condition humaine dépasse en effet ce qui les distingue. Ce *distinguo,* d'ordre strictement métaphysique, n'est ni prouvé, ni toujours approuvé.

La vitalité d'une religion ne devrait pas occasionner de gêne, ni susciter d'inquiétudes. Une religion vivante est une force dynamique de propositions et une source d'éthique capable de suggérer, de promouvoir ou de désapprouver. La religion ne possède que le verbe; elle doit en user à tout moment et en toute indépendance. La seule dérive vient de ce que la religion peut dépasser ses prérogatives et essayer de s'imposer par un quelconque moyen de pression.

Aujourd'hui, le sentiment religieux fait sa réapparition ; il faut canaliser ses voies d'accès avant qu'il ne déborde. Si l'on ne reconnaît pas le statut social de la religion, elle évoluera anarchiquement, et l'outrepassera.

Mon ultime conviction est que l'islam authentique, débarrassé des accessoires superfétatoires et distingué des coutumes ancestrales, ne pose pas de problème à la société française et ne porte pas atteinte à son identité. Si la France est désormais marquée par la présence de l'islam, celui-ci est en voie de francisation. Relire l'islam à travers un cerveau imprégné et nourri de la culture dominante de telle ou telle société est une réalité inévitable et une démarche qui tire sa légitimité du Texte même.

Œuvrer pour un islam de France ne signifie aucunement qu'on envisage d'en faire une copie conforme de l'ordre établi. Il garde la force de sa foi et son autonomie morale, capable de suggérer et d'enrichir. En matière d'éthique et de justice humaine, il peut, je crois, apporter un contrepoids à la sécheresse d'un Occident habité par la recherche du profit, qui cantonne l'homme dans un statut de producteur-consommateur, et qui accepte, souvent à contrecœur, une solidarité envers tous les marginalisés.

PRINCIPAUX OUVRAGES CONSULTÉS

ARKOUN, Mohammed :

- *Ouverture sur l'islam,* Éd. J. Grancher, 1992.

BAUBÉROT, Jean :

- *La laïcité, quel héritage?,* Éd. Labor et Fides, Genève, 1990.
- *Vers un nouveau pacte laïque?,* Éd. du Seuil, 1990.
- « La France, " République laïque " », *in Religion et laïcité dans l'Europe des douze,* Éd. Syros, Paris, 1994.

BOUSSINESQ, Jean :

- *La laïcité française,* Éd. du Seuil, 1994.

BOYER, Alain :

- *Le droit des religions en France,* Éd. PUF, Paris, 1993.

FERJANI, Mohammed-Chérif :

- *Islamisme, Laïcité et Droits de l'Homme,* Éd. L'Harmattan, Paris, 1991.

GAUTHIER, Guy :

- *La Laïcité en miroir,* Éd. Ediliz, 1985.

POULAT, Émile :

- *Liberté, laïcité.* Éd. du Cerf / Cujas, Paris, 1987.
- « Les quatre étapes de la laïcité », *in Nouveaux enjeux de la laïcité,* Éd. du Centurion, Paris, 1990.

POUPARD, Paul :

- « Laïcité, laïcisme » *in Dictionnaire des religions,* Éd. PUF, 1985.

RÉMOND, René (sous la direction de) :

- *Les nouveaux enjeux de la laïcité,* Le Centurion, Paris, 1990.

TABLE

Quatrième Partie

NOTRE AMIE L'ÉGLISE

www.ingramcontent.com/pod-product-compliance
Lightning Source LLC
LaVergne TN
LVHW020706110826
845149LV00012B/2128

9782246538714